DÉBUT D'UNE SÉRIE DE DOCUMENTS
EN COULEUR

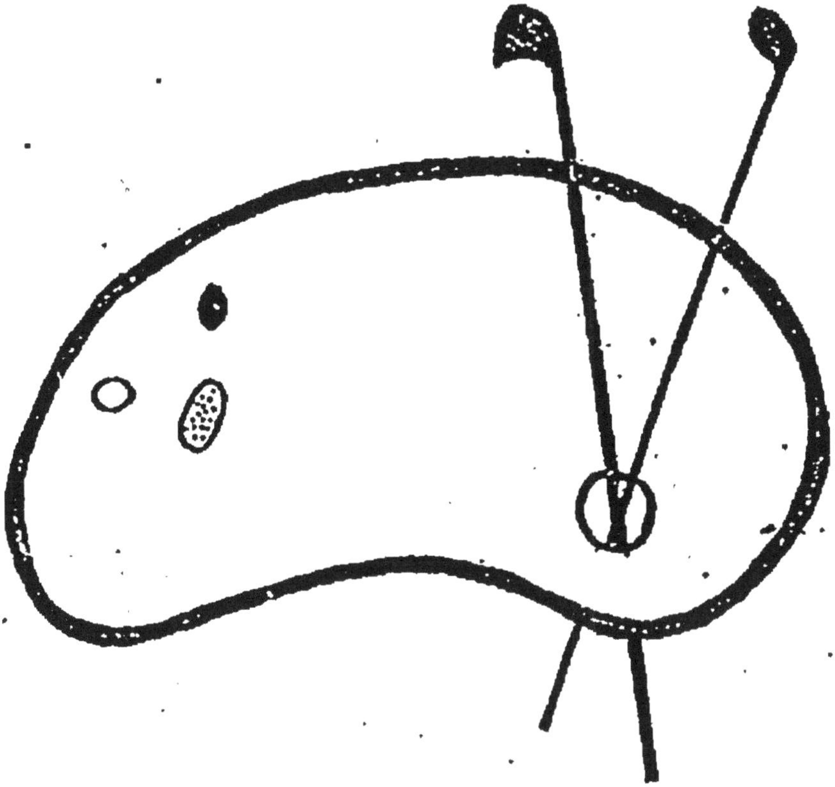

MÉTHODOLOGIE

DE

L'ENSEIGNEMENT DE LA PHILOSOPHIE

A L'USAGE

DES MAISONS D'ÉDUCATION CHRÉTIENNE

« Ce n'est pas assez d'avoir l'esprit bon,
le principal est de l'appliquer bien, » c'est-
à-dire avec méthode.
(DESCARTES, *Discours de la Méth.* IIᵉ partie.)

TOURS | PARIS

MAISON A. MAME & FILS | VᵛᵉCH. POUSSIELGUE
IMPRIMEURS-ÉDITEURS | LIBRAIRE, RUE CASSETTE, 15

ET CHEZ LES PRINCIPAUX LIBRAIRES

Nᵒ 225 bis.

EXTRAIT DU CATALOGUE

Cours de philosophie, programme du baccalauréat (classe de philosophie). In-8° de 900 pages.

Méthodologie de l'enseignement de la philosophie. In-8°.

Éléments de philosophie, comprenant la philosophie scientifique et la philosophie morale (classe de mathématiques). In-8°. Cet ouvrage est extrait du Cours de philosophie et suivi de tableaux analytiques.

Résumé de leçons de philosophie sous forme de tableaux analytiques (programme des divers baccalauréats). Cet ouvrage est extrait du Cours de philosophie. In-8°.

Précis de philosophie élémentaire, en rapport avec les programmes du brevet supérieur et du baccalauréat (programme de 1902). In-12. Édition refondue des Éléments de logique et de morale.

L'Alcoolisme Sa nature, ses effets, ses remèdes. (Extrait du Cours de philosophie). In-8° piqué.

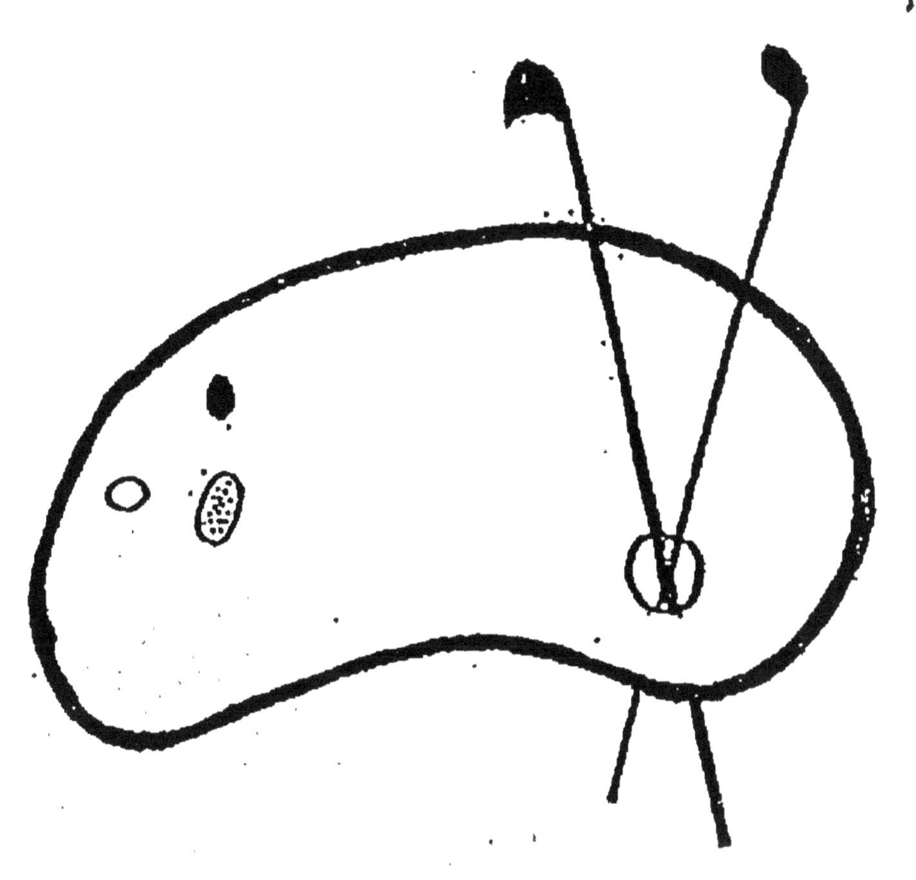

FIN D'UNE SERIE DE DOCUMENTS
EN COULEUR

MÉTHODOLOGIE

DE

L'ENSEIGNEMENT DE LA PHILOSOPHIE

MÉTHODOLOGIE

DE

L'ENSEIGNEMENT DE LA PHILOSOPHIE

A L'USAGE

DES FRÈRES DES ÉCOLES CHRÉTIENNES

« Ce n'est pas assez d'avoir l'esprit bon;
le principal est de l'appliquer bien, » c'est-
à-dire avec méthode.

(DESCARTES, *Discours de la Méth.*, 1re partie.)

<table>
<tr><td>TOURS</td><td>PARIS</td></tr>
<tr><td>MAISON A. MAME & FILS</td><td>Vve CH. POUSSIELGUE</td></tr>
<tr><td>IMPRIMEURS-ÉDITEURS</td><td>LIBRAIRE, RUE CASSETTE, 15</td></tr>
</table>

ET CHEZ LES PRINCIPAUX LIBRAIRES

APPROBATION

Permis d'imprimer.

Tours, le 18 octobre 1904.

Aug. DENIS,
Vic. gén.

MÉTHODOLOGIE

DE

L'ENSEIGNEMENT DE LA PHILOSOPHIE

INTRODUCTION

Idée et division de ce travail. — Suivant la vieille définition, qui est toujours bonne, la philosophie est « l'amour de la sagesse ». La sagesse, c'est à la fois la *science* et la *vertu* : la science, connaissance certaine de la vérité, et la vertu, habitude du bien. Un homme sage est un homme éclairé et vertueux.

Il va de soi que l'objet de l'enseignement et de l'éducation, c'est de rendre les enfants éclairés et vertueux. De là l'importance de la philosophie dans l'œuvre de l'éducation, qui doit tout entière en être pénétrée et s'en inspirer.

Dans un premier chapitre, nous mettrons en lumière les *idées directrices* qu'il convient d'avoir présentes à l'esprit dans l'enseignement de la philosophie.

Dans un second, nous indiquerons des *règles pratiques* d'enseignement. Nous montrerons comment il faut procéder pour mettre les éléments de la philosophie à la portée des plus jeunes intelligences, pour en éclairer et en vivifier toute l'instruction et l'éducation. Nous terminerons par quelques conseils relatifs à la dissertation philosophique et à l'emploi des principes premiers de la raison.

Dans un troisième chapitre, nous montrerons l'*importance* de la philosophie, ses *applications*, ses *relations* avec la pédagogie et l'éducation, avec l'enseignement de la religion, avec la culture de la raison ; nous verrons de quelle nécessité elle est pour l'intelligence et l'explication des auteurs classiques, aussi bien que pour le travail de la pensée, dont la composition française doit être le résultat ; nous constaterons enfin combien cette étude est importante, surtout dans les conditions actuelles de la société.

Importance de la Philosophie. — On divise généralement les sciences en deux grandes catégories : les sciences *morales,* telles que la philosophie, le droit, l'économie politique, qui ont pour objet les principes destinés à régler la vie individuelle ou sociale ; les sciences *mathématiques* et *physiques,* qui ont pour objet l'explication des lois et des phénomènes du monde matériel, telles que l'arithmétique, l'astronomie, la physique, l'histoire naturelle.

L'importance respective de ces deux catégories de sciences est indiquée par leur objet.

Les hommes peuvent être heureux, une société peut être grande et prospère, malgré des erreurs grossières dans l'ordre des sciences physiques. On a cru pendant des siècles que le soleil et les étoiles tournaient autour de la terre ; que l'eau montait dans un corps de pompe par horreur du vide... Cela n'a pas empêché l'humanité, à ces mêmes époques, d'avoir de glorieuses annales. Mais qu'une erreur fondamentale dans l'ordre moral ou économique se répande, pénètre dans une société, cette société court à sa ruine. Ainsi l'on peut dire que le monde ancien était destiné à périr, parce que le travail servile s'y était partout substitué au travail libre, et que l'esclavage, devenu une institution universelle, aussi funeste au maître qu'à l'esclave, y était à la fois un outrage permanent à la morale et une violation de cette loi d'ordre économique, que le travail libre, honoré, respecté, est seul fécond.

A cette distinction entre les deux ordres de sciences se rattache une considération d'une haute importance pratique.

Pour les sciences mathématiques et physiques, pour l'astronomie, la chimie, il peut suffire, à la rigueur, que quelques-uns les cultivent, les approfondissent et fassent profiter la société de leurs découvertes.

Il n'en est pas de même en morale et en économie politique. Ici, nous ne saurions accepter la vérité toute faite des mains d'un tiers, nous contenter de formules dont nous ne pénétrerions pas le sens. Ce qu'il nous faut, ce sont des principes, qui ne peuvent nous être de quelque utilité qu'autant que nous nous en rendons compte, que nous nous les sommes appropriés par la réflexion. A cette condition seulement, nous pourrons en tirer des conséquences, des règles pour la conduite de notre vie, dans laquelle à chaque instant se posent ces questions : *Cela est-il utile? Cela est-il honnête? Cela est-il juste?*

questions souvent redoutables, qui intéressent notre fortune, notre vie, notre honneur, et qui réclament une solution immédiate.

Nous pouvons très bien respirer et vivre sans nous rendre compte du fonctionnement de nos poumons, sans savoir analyser l'air que nous respirons; il nous est impossible de vivre moralement sans une connaissance réfléchie de la morale et des lois qui doivent régler notre conduite.

C'est de ces idées que nous nous sommes inspirés pour traiter les diverses questions abordées dans cette méthodologie, particulièrement dans le chapitre sur les relations et les applications de la philosophie.

On remarquera que nous nous sommes servis, pour parler de philosophie, non d'une terminologie spéciale, mais de la langue courante. Il ne faudrait pas cependant se faire illusion et croire que les sciences morales qui, ainsi présentées, n'offrent aucune expression nouvelle et étrange, sont de celles dont tout le monde peut raisonner sans les avoir jamais étudiées. Ce sont, au contraire, les plus délicates, celles où l'on peut le plus facilement se tromper et égarer les autres; celles enfin où l'erreur est la plus dangereuse, puisqu'il ne s'agit de rien moins que de faire un bon ou un mauvais usage de la liberté [1].

---

[1] Les principales idées de cet article sont empruntées à JOURDAN, *le Droit français*, Introduction.

CHAPITRE Ier

MÉTHODE — IDÉES DIRECTRICES

I. — IL FAUT PARTIR DE L'AFFIRMATION, NON DU DOUTE

L'enseignement de la philosophie doit-il partir du doute en toutes choses, remettre tout en question? L'homme doit-il se considérer comme un être isolé, réduit à penser comme si personne n'avait pensé avant lui, comme si aucun des principes qui lui doivent servir de point d'appui n'avait encore été découvert et établi? Ne peut-il procéder que par le doute dit *spéculatif* ou *méthodique?* Sa pensée ne saurait-elle être philosophique qu'à cette condition?

Évidemment non. L'homme est un être social, un être enseigné. Il doit profiter des travaux de tous ses ancêtres, comme de tous ses contemporains. On connaît le mot de Pascal : « L'humanité est comme un seul homme qui subsiste toujours et qui apprend continuellement. » — « Nos devanciers sont nos guides, dit Sénèque, et non pas nos maîtres. Tout le monde peut prétendre à la vérité; nul ne se l'est encore appropriée, et les siècles à venir auront aussi une grande part dans cet héritage. »

En reconnaissant que nos devanciers sont nos guides, la pensée de Sénèque met en évidence tout ce qu'il y a de raisonnable dans la *méthode d'autorité*, et en exclut, en déclarant qu'ils ne sont pas nos maîtres, tout ce qu'elle a de dangereux et d'erroné; elle écarte en même temps ce qu'il y a d'excessif et de faux dans la *méthode cartésienne*, qui consiste à mettre en question toutes les opinions reçues, toutes les traditions et tous les enseignements du passé, toute la science acquise.

Être philosophe, ce n'est pas douter, même spéculativement; c'est chercher la raison des choses, c'est-à-dire ce qui les explique, — les principes, les causes, les lois; — et on ne les cherche que parce qu'on y croit.

Un sceptique n'est pas un philosophe, c'est-à-dire, suivant l'étymologie du mot, un homme sage. Le scepticisme absolu détruit jusqu'à la possibilité même de la sagesse, c'est-à-dire de la science et de la vertu.

« S'il faut douter pour philosopher, les hommes qui ont pris possession des certitudes essentielles sans les avoir jamais senties ruinées en eux ne seraient donc point des philosophes ? Mais pourquoi serait-il interdit de chercher la lumière avec la lumière, et pourquoi faudrait-il, parce qu'on aspire à voir plus clair, commencer par éteindre toute clarté ? » (OLLÉ-LAPRUNE, THÉODORE JOUFFROY, *la Quinzaine,* 16 octobre 1898, p. 514.)

En philosophie, comme dans toutes les sciences, il faut débuter et procéder par affirmations : affirmation de la possibilité d'atteindre au vrai ; affirmation des vérités admises, des principes qui sont le fond même de la raison ; affirmation des résultats acquis, des faits connus et déterminés, des lois découvertes et vérifiées. L'examen critique du point de départ et des procédés, de la valeur des faits en eux-mêmes et des lois, des systèmes et des méthodes, ne peut être abordé avec profit et sans danger que lorsque l'esprit est en possession des idées essentielles, quand il a pris une certaine consistance par les principes sur lesquels toute la science repose.

Il faut d'abord développer chez les enfants la puissance de croire, plutôt que celle de nier ou de douter. L'homme ne vit pas de négation et de doute. Quand il faut agir, savoir même ne suffit pas, il faut croire, il faut avoir une foi. « On n'est fort que de ce que l'on croit, et non de ce que l'on sait, » a dit Maine de Biran.

Il faut apprendre aussi aux enfants à admirer. — « Une disposition trop commune à notre temps, c'est qu'on blâme plus volontiers que l'on n'approuve. Pour ne parler que des auteurs, on s'évertue à découvrir leurs défauts avant de mettre en lumière leur mérite. Un esprit de scepticisme littéraire, contre lequel il importe de protéger nos études, tend à dépraver le goût, ou tout au moins à émousser le sens du beau et à paralyser la faculté d'admirer.

Pour donner aux études une durable assise, c'est par le respect et l'admiration qu'il faut commencer.

L'admiration est, dans l'éducation des enfants, un élément de premier ordre ; la morale y trouve son compte, comme la littérature. » (E. MANUEL, *Rapport sur le concours de 1885, Agrégation de l'enseignement secondaire des jeunes filles.*)

Dans ses *Souvenirs d'enfance et de jeunesse,* Renan rend à Mgr Dupanloup le témoignage suivant :

« C'était un éveilleur incomparable ; pour tirer de chacun de ses élèves la somme de ce qu'il pouvait donner, personne ne l'égalait... Il répétait souvent que *l'homme vaut en proportion de sa faculté d'admirer.* »

L'esprit critique, ce qu'il doit être. — L'esprit critique est nécessaire dans toute étude ; car dans toute étude il faut observer, réfléchir, se rendre compte, ne pas confondre une chose avec l'autre, faire des distinctions, discerner des nuances, ne juger, n'affirmer et ne nier qu'avec raison. « Ayez le culte de l'esprit critique, a dit Pasteur. Réduit à lui seul, il n'est ni un éveilleur d'idées, ni un stimulant de grandes choses. Sans lui, tout est caduc. Il a toujours le dernier mot. »

L'esprit critique est donc bon, mais il n'a rien de commun avec l'esprit sceptique ou avec l'esprit de dénigrement, et il ne doit pas être « réduit à lui seul ». Le véritable esprit critique ne se sépare pas de l'esprit dogmatique, et il n'est pas « à lui seul » la fin de l'éducation.

« Croire que la fin de l'éducation est le développement de l'esprit critique, quelle énormité!... Cette promenade, surtout pendant les dix mois de philosophie, à travers toutes les opinions et tous les systèmes sans que les élèves sentent chez leur maître une affirmation ferme et convaincue, loin de les incliner à choisir, les laisse hésitants et troublés, se demandant avec une sorte d'étonnement mêlé de stupeur ce qui est vrai et ce qui ne l'est pas, ce qu'ils doivent croire et ce qu'ils doivent rejeter. La seule méthode qui convienne à leur âge, c'est, sans exagération, et seulement sur les points essentiels de la discipline intellectuelle, un tranquille et sérieux dogmatisme. La science n'est possible qu'ayant à sa base un acte de foi dans l'absolu. Elle n'a pu être entreprise que parce qu'on a cru à la réalité objective de l'univers et à l'harmonie de cet univers avec notre pensée; elle n'est continuée que parce que les savants continuent à lui consentir cette croyance. De même pour l'art, qui repose sur l'intuition du beau; pour la morale, qui n'existe pas en dehors de la croyance à la réalité du bien; pour l'institution sociale avec ce qui la caractérise essentiellement, la famille et la patrie, qui ne tient pas contre la négation de la subordination de l'individu à l'intérêt commun. Tout cela constitue un minimum de vérités primordiales et nécessaires... » (ROCAFORT, *l'Unité morale dans l'Université*, p. 82-83.)

Si l'on ne part pas de ces vérités primordiales et nécessaires, comment faire une éducation? Peut-il en être question seulement? On a dit justement que l'éducation est une œuvre d'autorité et de respect. Sur quoi peuvent reposer l'autorité et le respect, si l'on ne croit à rien, si l'on n'a pas de principes moraux, pas de convictions; si l'on ne distingue pas l'homme de l'animal, si on ne le considère pas comme un être intelligent et libre, un être spirituel, une personne soumise à une règle obligatoire : la loi morale, laquelle demande, pour être obéie, l'adhésion libre de la volonté, a pour auteur l'auteur de la nature humaine elle-même; et, considérée dans son origine, n'est autre chose que l'expression de la sagesse et de la volonté de Dieu?

Qui dit éducation, dit action. L'éducateur se propose d'agir sur la jeunesse et de lui fournir des raisons d'agir. S'il est sceptique, s'il met tout en doute, quelles raisons d'agir peut-il donner, quels principes, quels préceptes?

Faire l'éducation d'un enfant, c'est l'affranchir de l'erreur et du mal, c'est tremper sa volonté, l'éveiller, l'exciter au bien, c'est faire

de lui un homme, entendons un homme éclairé et vertueux. Tout cela
est impossible sans une autorité morale reconnue, à laquelle, par
devoir, l'enfant se soumet de cœur et de volonté.

NOTE COMPLÉMENTAIRE

« Il nous semble, disent les *Instructions* publiées en 1890 par le ministère
de l'Instruction publique, que, quelque grande que soit la liberté laissée au
professeur et la diversité des directions entre lesquelles il peut choisir sa voie,
il y a cependant un fond de principes qui ne peuvent être mis en question. Ce
sont ceux qui sont contenus dans l'idée même d'une éducation, et sans
lesquels l'idée d'une éducation serait quelque chose de contradictoire.

« Que l'on nous permette un exemple : l'Etat enseigne les lettres depuis un
temps immémorial et, sans doute, il ne doit pas imposer à ses professeurs ni
s'imposer à lui-même une orthodoxie étroite en matière littéraire : défendre,
par exemple, à un professeur d'admirer Shakespeare et Victor Hugo, ne lui
permettre que l'admiration de Virgile et de Racine, serait complètement
absurde ; mais, quelque large que puisse être l'éclectisme de l'Etat, il y a
cependant un principe sous-entendu et sans lequel il n'y aurait plus du tout
d'éducation littéraire ; c'est qu'il y a des œuvres belles et d'autres qui ne le
sont pas, des œuvres nobles et sublimes, et d'autres, basses, plates et grossières... Ainsi l'idée même d'une éducation littéraire, à moins de se détruire
elle-même, repose sur la distinction du beau et du laid, c'est-à-dire de ce qui
est noble, pur, délicat, et de ce qui est bas, grossier, vulgaire, insignifiant.
Or cette distinction est le fond de la morale, aussi bien que de la littérature.

« En même temps que l'Etat élève les esprits, il doit élever les âmes, et cela
dans les deux sens du mot : donner l'éducation et diriger vers le haut les âmes
que la nature entraîne vers le bas.

« Telle est la pensée fondamentale que l'Etat doit maintenir, ou il n'a plus
qu'à abdiquer. Or, cette pensée, c'est ce qu'on appelle la distinction de la chair
et de l'esprit, de l'animal et de l'homme, du plaisir et de la vertu, des passions
et de la raison ; et la loi qui nous prescrit de sacrifier et de subordonner ce
qui est plat et vulgaire à ce qui est noble, généreux et délicat, est ce qu'on
appelle la loi du *devoir*. Il ne peut donc y avoir pour un Etat d'autre morale
que la morale du devoir, ni d'autre philosophie que celle qui rend possible une
morale du devoir.

« Toutes les controverses abstraites de la philosophie et de la morale doivent
céder devant ces considérations impérieuses et imposantes ; et, libres dans le
domaine de la science pure, s'évanouir devant la nécessité pratique de former
des hommes. » (*Instructions*, p. 118.)

II. — C'EST AVEC TOUTE SON AME QU'IL FAUT PHILOSOPHER

Non seulement le philosophe ne doit pas s'isoler de ceux qui ont
pensé et de ceux qui pensent, laisser de côté tous les résultats acquis ;
mais il doit, comme le voulait Platon, comme le voulait Pascal, philosopher avec toute son âme, avec ses facultés d'ordre sensible, et
surtout d'ordre moral, comme avec ses facultés d'ordre intellectuel,

avec le cœur et la volonté comme avec la raison, et s'efforcer d'être, dans chacune de ces facultés, ce que la nature vraie exige que l'on soit.

La raison séparée du cœur n'est pas toute la raison. Sans le cœur ou le sentiment, la raison n'est pas complète, elle est affaiblie et mutilée. La raison totale, c'est la raison unie au cœur.

Il y a solidarité profonde, intime, entre le cœur ou la volonté et la raison : tour à tour ou simultanément cause ou effet l'une de l'autre, ces facultés ne sont vraiment elles-mêmes que si elles sont unies.

Il y a des vérités, et ce sont les plus essentielles, les plus profondes, les vérités morales, qui ne se comprennent que par la raison unie au cœur. C'est le sens de cette parole de Pascal « que le cœur a ses raisons que la raison ne connaît pas ».

On peut dire que sans le cœur ou le sentiment, non seulement la science morale ou philosophique, qui réclame plus spécialement leur concours, mais la science elle-même, toute science serait impossible. La science, en effet, est le fruit du travail d'esprit. Or, dans ce qu'on appelle travail d'esprit, c'est le désir et la volonté qui tendent et font effort ; cela revient à dire qu'il y entre de l'émotion ou du sentiment, et que si l'homme ne sentait pas, il ne se livrerait à aucun travail d'esprit. L'intelligence est, de sa nature, simplement *perceptive* et *contemplative*. Un être qui ne serait qu'intelligent ne rechercherait jamais la vérité ; il se bornerait à l'apercevoir, si d'aventure elle venait à se présenter à lui.

« La science, comme l'affirme Claude Bernard, ne saurait rien supprimer : le sentiment n'abdiquera jamais ; il sera toujours le premier moteur des actes humains. » — Non, il n'abdiquera jamais : il s'affirmera toujours, dans tout progrès scientifique par l'amour du vrai, dans tout progrès moral ou social par l'amour du bien ; dans tout progrès esthétique, artistique, littéraire, par l'amour du beau.

On a posé dernièrement cette question : *Pourquoi la morale, qui nous touche de si près, est-elle de tous les enseignements de l'école le plus difficile à donner et, jusqu'à présent, celui qui se donne le moins bien ?*

Il y a de cela diverses raisons : la principale, celle qui est fondamentale, est impliquée dans les idées précédentes. L'enseignement moral est le plus difficile, parce qu'il traite, non de choses extérieures à nous, mais de nous-mêmes, de ce qu'il y a de plus intime en nous, et que l'enfant est beaucoup plus habitué à regarder hors de soi qu'en soi pour observer les phénomènes ; parce que, pour donner cet enseignement comme il convient, de façon efficace, il faut y mettre son âme tout entière, et, pour le recevoir et en profiter, le recevoir avec l'âme tout entière ; parce que cet enseignement a pour but de déterminer à l'action, et que l'action, ici, c'est le plus souvent la lutte contre soi-même, contre sa mauvaise nature, et qu'il ne suffit pas pour cela d'éclairer l'intelligence, qu'il y faut l'intermédiaire du sentiment, moteur par excellence de la volonté.

Conviction et persuasion. — Pour que la vérité morale soit tout à fait elle-même et produise son plein effet, il ne suffit pas que celui qui l'enseigne soit convaincu et produise la conviction, il faut encore qu'il persuade. La *conviction* tient à l'esprit : c'est l'adhésion ou *l'assentiment de l'intelligence* au vrai ; la *persuasion* tient au cœur : c'est l'adhésion ou *consentement de la volonté au bien*. Pour convaincre, faire admettre la vérité, forcer, en quelque sorte, à la reconnaître, la démonstration suffit ; persuader, incliner à vouloir, faire vouloir pour agir, ne peut être l'effet que de la parole vivante qui va à l'âme et la saisit tout entière : c'est toute l'âme qui s'adresse à toute l'âme. On peut être *convaincu*, c'est-à-dire que l'esprit peut acquiescer à la vérité, donner son assentiment, sans être *persuadé*, c'est-à-dire sans que la volonté ait donné son consentement, soit déterminée à agir. La volonté est toujours maîtresse de tourner l'intelligence vers la vérité ou de l'en détourner, selon que la vérité lui agrée ou qu'elle lui déplaît. Pour que l'homme croie et accepte la vérité, la vérité morale surtout, il ne suffit pas qu'il la connaisse clairement, il faut encore qu'il la souhaite, qu'il la veuille, qu'il l'aime.

« Il y a des cas où l'on ne verra ce qui est que si l'on est disposé à vouloir que ce qui est, soit. Il y a certains assentiments que l'on ne donnera que si l'on a la résolution sincère de donner aussi son consentement. L'évidence morale ne subjugue pas de vive force. Elle laisse quelque place à une résistance possible, tant que la volonté n'est pas consentante[1]. »

Aussi Malebranche a-t-il fort bien dit, quand il a affirmé que « le premier précepte de la logique, c'est de vivre en homme de bien », ce qui revient au fond à la parole de Notre-Seigneur dans l'Évangile : « Faites la vérité (pratiquez-la) et vous arriverez à la lumière (à la vraie science). »

La vraie méthode philosophique. — Ces principes étant posés, on peut affirmer, avec Ollé-Laprune, que

« Pour philosopher, il faut n'être pas un être incomplet, mutilé, atrophié, ni non plus un être inerte et comme mort. Il faut vivre, et de la vie totale. Il faut être capable de penser avec toute l'âme, avec tout soi-même. Et puisque l'on n'est pas homme sans vivre de la vie morale, comme d'ailleurs le monde n'est plus le monde si l'ordre moral y est supprimé, et comme ni les faits premiers,

---

1 OLLÉ-LAPRUNE, la *Philosophie et les Temps présents*, ch. XII.

1*

ni les principes premiers ne sont complètement et vraiment eux-mêmes sans la considération de l'ordre moral, c'est en philosophie une condition du savoir, que le vouloir et le bon vouloir : condition naturelle, indispensable, légitime, rationnellement requise. La volonté ne fait pas l'objet à voir, elle le fait voir, ce qui est fort différent ; et elle ne fait pas voir parce qu'elle commanderait de voir, elle fait voir parce que, grâce à ses bonnes dispositions, l'objet à voir est sous les yeux, et les yeux sont sains et ouverts. » (OLLÉ-LAPRUNE, *la Philosophie et les temps présents*, ch. XII, p. 264, 3ᵉ édition.)

Le Père Gratry fait remarquer que la vraie méthode philosophique est celle qui est indiquée dans ce précepte de la Bible, renouvelé et confirmé par Notre-Seigneur dans l'Évangile : « Tu chercheras Dieu (c'est-à-dire le vrai, le bien, le beau) de toute ton âme, de tout ton cœur, de tout ton esprit, de toutes tes forces. »

Ollé-Laprune résume ainsi la manière du Père Gratry, qui a été la sienne, qui a été celle de tous les philosophes chrétiens, de saint Augustin, de saint Thomas, de Bossuet, qui est celle de tous les grands philosophes :

« Il pense avec son âme tout entière... avec son être tout entier. Il pense en faisant concourir à sa pensée et l'imagination et le sentiment, et, d'une certaine manière, l'organisme même ; car il pense en homme et humainement. Il pense en demeurant en contact avec l'humanité dont il fait partie, avec les vivants, avec les morts : la pensée d'autrui, la pensée du genre humain, grâce à la parole, grâce à la tradition, lui sont présentes et entrent dans sa substance. Il pense enfin attaché à Dieu, principe, soutien, lumière, règle de toute pensée...

« Il est attentif à ne rejeter aucune des « ressources humaines », aucune des « ressources divines », qui sont à la disposition de l'homme. Il travaille à déployer et à employer toute sa raison, à déployer et à employer toute sa foi. Chrétien, il ne se sépare pas de lui-même : comme il ne cesse pas d'être homme, parce qu'il est chrétien, il ne juge pas non plus que pour être bien homme, il doive faire comme s'il n'était pas chrétien. Tout au contraire [1]. Il ne met pas d'un côté sa raison et de l'autre sa foi : il estime sa foi bonne pour penser, pour user de sa raison comme il faut, et il laisse sa raison regarder respectueusement à sa foi et s'y mêler. Il va à la vérité totale, avec l'âme totale, avec les forces de l'homme, que dis-je ? avec les forces mêmes de Dieu. » (Éloge du Père GRATRY, *La Vitalité chrétienne*, p. 110.)

Parlant de Ollé-Laprune et analysant ses ouvrages, M. Fonsegrive écrit : « Il ne pouvait consentir à philosopher en dehors du christianisme, et cesser d'être chrétien, ne fût-ce que pour un instant, afin d'être un pur philosophe. Par l'expérience directe de sa propre vie intérieure, il sentait, il voyait, il savait ce que son christianisme ajoutait en lui à l'humanité, de la même façon qu'il sentait, voyait et savait ce que la raison ajoutait en lui à la sensibilité, et par conséquent son christianisme, les doctrines du christianisme devaient entrer dans sa philosophie au même titre que les principes de la raison. De même que la psychologie purement empirique et animale est incomplète, et donc antiscientifique, puisqu'elle n'explique pas l'homme entier, de même une philosophie purement rationaliste, qui ne va pas jusqu'au divin, qui n'aboutit pas à la religion, et par elle au Christ, est un mouvement de l'esprit qui s'arrête en route, qui donc ne résout pas le problème philosophique essentiel, celui de la destinée, et par conséquent n'est pas une vraie et complète philosophie. »

---

[1] Remarquons que saint Augustin demande que l'on soit plus chrétien pour être plus homme.

III. — L'ENSEIGNEMENT ET L'ÉTUDE DE LA PHILOSOPHIE
DOIVENT SE FAIRE DANS UN ESPRIT LARGE

Il faut étudier la philosophie avec un esprit large, ouvert, hospitalier, tolérant; chercher la vérité partout où elle est, la démêler de l'erreur; se placer au point de vue de l'auteur que l'on examine, et, sans parti pris, sans idée préconçue, tout en condamnant ce qu'il peut avoir de faux et d'inexact, reconnaître franchement la vérité que contient son œuvre; montrer toujours de la sympathie, jamais de l'hostilité pour les personnes; n'avoir d'autre préoccupation que celle de la vérité et du bien.

Au sens de l'*absolu* et du *nécessaire*, qui manque à tant d'intelligences et faute duquel elles ne savent plus se fixer à quoi que ce soit, sens que donne surtout l'étude des principes directeurs de l'entendement, il faut joindre le sens du *contingent* et du *relatif*, que donne l'histoire en général, et surtout l'histoire des doctrines et des idées, sens qui manque également à tant d'esprits et faute duquel ils ne font pas les distinctions nécessaires, confondent et mêlent tout, n'ont pas la mesure et la mise au point.

« Rien n'est plus instructif, dit M. Fonsegrive, ni plus fécond (plus suggestif), que de voir le progrès interne des doctrines et les divers biais par où une même idée peut être considérée. On apprend par là comment, en toute occasion, il faut faire le départ entre l'idée en elle-même et la façon dont elle a été envisagée par les différents esprits. Il faut étudier la pensée des autres, s'efforcer de la comprendre, de la pénétrer. Il est rare, après cette étude, qu'on ne sente pas plus d'estime pour l'auteur qu'on étudie et qu'en même temps on ne voie pas mieux ses faiblesses et ses erreurs. »

La tolérance. — Quand on procède ainsi, on est naturellement *tolérant* dans le vrai sens du mot. L'homme qui veut être tolérant ne devient pas nécessairement sceptique, comme l'ont prétendu ceux qui se font une idée fausse de la tolérance; il peut, au contraire, garder des convictions fermes et profondes [1].

La tolérance est l'indulgence pour ce qu'on ne veut ou qu'on ne peut pas empêcher. Tolérer implique l'idée d'un mal : être tolérant, c'est supporter le mal, ce qu'on croit être le mal. On tolère le mal en vue d'un bien ou pour éviter un plus grand mal.

---

[1] Cette question a été posée au brevet simple, dans l'académie de Toulouse, en 1897, sous la forme suivante : « Qu'est-ce que la tolérance? L'homme qui veut être tolérant devient-il nécessairement sceptique? Ne peut-il pas, au contraire, garder des convictions fermes et profondes? »

Non, l'homme qui veut être tolérant ne devient pas nécessairement sceptique. Le sceptique n'a rien à tolérer, puisqu'il doute de tout, puisqu'il n'y a pour lui ni vérité, ni erreur, ni bien, ni mal. Le sceptique n'est pas tolérant, mais indifférent. La tolérance est tout le contraire de l'indifférence.

L'homme qui veut être tolérant comprend que la vérité qui n'est pas charitable n'est pas toute la vérité, n'est souvent que la vérité diminuée ou mal comprise; il a confiance dans la force de la vérité totale, charitable, exposée et professée tranquillement et constamment; il ne veut pas l'imposer par la contrainte, mais la faire pénétrer dans les esprits et dans les cœurs par la persuasion. Il sait qu'il est dans la nature imparfaite de l'homme de se tromper, que la vérité est souvent difficile à conquérir, que les causes de l'erreur sont nombreuses : causes logiques : erreurs des sens, défaillances de la mémoire, fausses associations d'idées, illusions de l'imagination, etc.; causes morales : ignorance, paresse, amour-propre, intérêt, passions, milieu où l'on vit, coutume, opinions, préjugés d'éducation, de secte, de parti, d'école, esprit de coterie.

Il sait que l'on n'est pas toujours responsable de ses erreurs. Il ne doit pas, d'une façon générale, supposer la mauvaise foi chez ceux qui ne croient pas comme lui; car on ne discute pas avec quelqu'un que l'on supposerait être de mauvaise foi. Il s'estime heureux de posséder la vérité; il la professe, il la proclame, il la défend, il la considère comme le premier bien; il y demeure attaché de toute son âme; il plaint ceux qui en sont privés, il désire la leur communiquer; mais il ne pense pas qu'il y ait un autre moyen de le faire que la persuasion; il est convaincu, au contraire, que celle-ci est facilitée par la tolérance charitable, qui, sans rien sacrifier de la vérité, et en la professant prudemment, mais hautement, supporte cependant l'erreur et le mal afin d'assurer un bien ou d'éviter un plus grand mal.

Remarquons, relativement à l'erreur, qu'au lieu de s'attacher à la combattre directement, il faut le plus souvent exposer la vérité de telle façon que l'erreur se trouve par là même réfutée, mise à néant. C'est la vérité qu'il faut d'abord mettre dans l'esprit, de telle sorte que l'erreur n'y trouve plus de place; que, par exemple, les faux systèmes soient déjà réfutés par la doctrine exposée.

Remarquons encore, quand il s'agit de réfutation, que plaisanter, tourner en ridicule au lieu de donner des raisons, n'est pas philosophique, pas conforme à la tolérance telle que nous venons de la caractériser, pas de nature à détacher de l'erreur et à faire embrasser la vérité.

Attitude du chrétien à l'égard des hommes et des choses.

— Cette largeur d'esprit dont nous parlons est fort bien caractérisée dans plusieurs pages du beau livre d'Ollé-Laprune, *le Prix de la vie*. Citons celle où il parle de l'attitude du chrétien à l'égard des hommes et des choses.

« Le chrétien n'éprouve aucun embarras à s'unir avec ceux qui ne sont pas chrétiens, comme d'ailleurs aucune hésitation à se séparer d'eux, dès qu'il le faut. Il s'unit à eux, il marche avec eux, il est avec eux, tant que la chose à penser, à dire, à faire, est de celles où il suffit d'être homme pour penser, dire et faire ce qu'il faut, encore qu'avec le christianisme on puisse y mettre plus de perfection. Il accepte donc, il recherche même le concours de tous les hommes éclairés et droits, de tous les hommes de sens, de tous les hommes honnêtes ; il prise la compétence partout où il la trouve ; il loue ce qui est louable en toute circonstance ; et quand les hommes, ses collaborateurs, ne seraient qu'à demi chrétiens ou ne seraient pas chrétiens du tout, il respecte ce qu'ils ont d'intelligence et de savoir, ce qu'ils ont d'honnêteté, de probité, de droiture ; il les aime pour cela, il entretient avec eux de cordiales relations ; il profite de leurs lumières, de leur expérience, et il met en commun ses efforts avec les leurs, tant que l'œuvre entreprise et poursuivie en commun n'implique aucune négation de la conception chrétienne, comme elle n'en réclame aucune expresse application. Il est donc là, à titre de Français, d'homme, et d'homme qui est un savant ou un lettré, ou un homme d'affaires, ne reniant jamais son christianisme qu'il porte en soi, ne le produisant pas sans nécessité, puisque ce n'est pas l'objet de l'action présente, s'en inspirant toujours, et sachant le dire quand il y a lieu. Il n'y a dans cette coopération avec des hommes demi-chrétiens ou non chrétiens aucune faiblesse, aucune imprudence. Le chrétien est homme, et ce sont des hommes : par là, lui et eux se rejoignent, s'adaptent entre eux, s'unissent sans effort comme sans danger.

« Mais, dès que ce n'est plus assez d'être homme pour voir bien et pour bien agir, le chrétien dépasse la sphère où se tiennent les hommes purement hommes : il va plus loin, plus haut, et il le dit, sans quoi il manquerait à la vérité ; s'il le faut, il va d'un autre côté, et, s'il le faut encore, il combat ceux dont il se sépare, fidèle d'ailleurs au précepte de saint Augustin : haïr tellement les vices et les erreurs, qu'on n'aille pas les aimer à cause des personnes ; mais aussi aimer les personnes de telle manière qu'on n'aille pas, à cause des vices et des erreurs, les prendre en haine : la règle est excellente, et le vrai chrétien tâche de n'y manquer jamais.

« Ainsi portant en soi et la nature humaine et ce qui s'y ajoute, mais qui, en s'y ajoutant, s'y adapte, le chrétien ne rejette rien, ne méprise rien, ne hait rien de ce qui est humain comme tel, et, par suite, il est à la fois le plus accommodant et le plus intraitable des hommes. Jamais, ayant à faire à un principe, il ne transige ; et alors, ce n'est pas seulement sa foi chrétienne, c'est sa raison, c'est sa conscience, c'est son honneur même qui le trouvent inébranlablement résolu à le maintenir envers et contre tous : il a dans ce respect et dans cette fidélité pour tout ce qui est vrai, bon, honnête, juste, sacré, toutes les délicatesses, toutes les jalousies, si je puis dire, et toutes les audaces ; son énergie est indomptable. Mais là où les principes ne sont point en cause, il est facile, et d'ailleurs pour les hommes il a tous les égards possibles, même toutes les indulgences : n'a-t-il pas de sa faiblesse propre le sentiment le plus profond ? Cette humilité intime le rend clairvoyant, juste, bon ; et, par respect pour la vérité, par esprit de justice, par charité, il tâche de comprendre les autres, de comprendre jusqu'à leurs erreurs et à leurs fautes, et sachant condamner le faux et le mal, il n'est jamais pour les personnes ni méprisant ni amer. » (OLLÉ-LAPRUNE, *le Prix de la vie*, ch. XXIX, p. 453.)

NOTE COMPLÉMENTAIRE

Pour juger de quelle manière on peut s'inspirer de ces idées dans la pratique, on lira avec profit les passages suivants d'un discours d'Ollé-Laprune lui-même sur la *virilité intellectuelle*.

Première partie du discours. — Après avoir montré que le premier caractère de la virilité intellectuelle, c'est de penser par soi-même, il dit qu'on ne devient pas, qu'on ne demeure pas un homme, dans l'ordre intellectuel, si l'on ne sait pas se défendre, et, à propos des ennemis intellectuels, il parle de ce qu'il appelle l'*usage des formules.*

« Dans les formules se renferme et s'exprime la pensée. Il en est qui font fortune : ce n'est pas un mal, c'est une nécessité et ce peut être un bien. Mais de quelle attention ne faut-il pas savoir user en présence de ces formules qui sont répandues dans l'atmosphère intellectuelle !

Formules fausses. — Il y a des formules qui sont manifestement *fausses*, et celles-là, il faut savoir les déclarer fausses et les briser. Aujourd'hui ce n'est pas la mode : devant la formule fausse, on s'arrête, on use de retenue, et on craint de dire à l'erreur : Tu es l'erreur...

« Quand la formule est manifestement fausse, dites : C'est faux, et brisez la formule fausse. Mais en la brisant, usez néanmoins de précautions : précautions à l'égard des auteurs des formules, lesquels peuvent mériter l'indulgence, mais aussi précautions à l'égard de cette « âme de vérité », si l'on peut dire, qui est contenue dans la formule fausse, qui y est en souffrance et qu'il s'agit, par cette opération qui s'appelle réflexion, de dégager, d'affranchir et de faire apparaître au grand jour.

« Vous savez combien, à l'heure qu'il est, le socialisme est en honneur; or la formule qui est manifestement socialiste est manifestement fausse : sachez donc le dire. Mais en brisant la formule socialiste, qui est fausse, usez pourtant de précaution à l'égard de ce que j'appelle l'âme de vérité qui y est contenue, et sans laquelle cette formule ne se soutiendrait pas un seul instant. Car enfin toute erreur, il y a longtemps qu'on l'a dit, « toute erreur n'est qu'une vérité « dont on abuse. » Le meilleur moyen de réfuter l'erreur, c'est donc de montrer qu'elle est l'abus d'une vérité; et quand vous aurez ôté à l'erreur cette vérité d'où elle tient son apparence, l'erreur tombera d'elle-même.

« Lors donc que vous aurez affaire au socialisme, si vous vous contentez de crier : Au feu ! ou : Sus à l'ennemi ! vous ne ferez pas grand'chose; vous laisserez au socialisme ses armes; car, malgré vos cris, il y a toujours au fond certaines vérités dont il est l'abus : il y a des misères criantes, des inégalités iniques, des revendications légitimes... Prenez ces vérités à votre compte, mettez-les dans toute leur lumière, et, alors, combien ne serez-vous pas forts pour réfuter l'erreur socialiste ?

Formules vagues ou suspectes. — « Il y a des formules qui sont simplement *vagues* ou *suspectes;* sachez dire qu'elles sont vagues et tâchez de les éclaircir. Ne vous complaisez pas dans ce vague qui est fort dangereux : le brouillard n'est pas bon pour l'intelligence, et, comme disait Malebranche, « rien n'est plus sûr que la lumière. »

« Un exemple. — Il y a des mots qui sont sur toutes les lèvres. On dit pour se débarrasser d'un homme : C'est un *mystique!* — ou bien : C'est un *clérical!* Au siècle dernier, un homme, dans un certain milieu, eût été perdu si on avait pu lui dire : Vous êtes un *philosophe!*... Aujourd'hui, dans un autre milieu, un homme serait forcément perdu, si on lui disait : Vous êtes un *théologien!*... Rien n'est plus vague que ces mots et ces formules dont le sens change au gré des passions, où chacun met ce qu'il veut, et que tous répètent sans que personne se demande jamais sérieusement ce que cela veut dire au juste. On semble classer, étiqueter les hommes et les choses, et l'étiquette ne répond à aucune idée nette.

« Devant ces formules vagues, et par cela même suspectes, celui qui veut penser virilement doit s'arrêter et faire effort pour préciser. Il doit se résoudre à n'en laisser passer aucune, qu'il n'examine et ne contrôle. Alors il verra que, parmi elles, il en est que décidément il faut oser ne pas employer; on en a fait trop mauvais usage, et l'erreur les a comme accaparées sans retour. En voici un exemple : Ce mot *libre pensée* est très beau. N'est-ce pas Jésus-Christ lui-même qui a dit : « La vérité vous rendra libres? » Les mots ont leur fortune. Vous ne pouvez pas aller contre l'usage, et faire que ce mot *libre pensée* prenne pour vous, chrétiens, un sens acceptable. Vous pouvez, vous devez dire qu'il faut *penser librement*, vous ne pouvez pas recommander la *libre pensée*.

« Voilà, entre beaucoup d'autres, un exemple de formule et de mot qu'il faut savoir ne pas employer.

« Il y en a d'autres qu'il faut savoir employer quand même. Par exemple, il ne faut pas avoir peur du mot *liberté*, ni du mot *justice*, ni du mot *science*. S'il le faut, expliquez-vous en les employant, et montrez comment vous donnez et comment il faut donner à ces mots leur sens vrai et profond, qui est en même temps leur sens naturel. Mais ne renoncez pas à les employer; ces sortes de timidités sont plutôt l'affaire de ceux que vous prétendez combattre; si vous leur abandonnez ces mots, ils les accapareront, et comme seuls ils en feront usage, ils donneront à penser que seuls ils en peuvent et doivent user.

Formules bonnes, formules dogmatiques. — « Enfin, il y a d'autres formules qui sont *bonnes*, et, de celles-là, je vous dis : Sachez en user virilement. Le danger de la formule, même quand elle est bonne, c'est ce que j'appellerai la littéralité. En s'enfermant dans la lettre, on risque d'y périr[1]. Il faut se renouveler sans cesse, savoir user de son esprit. Et je dis cela, même des formules infiniment vénérables de nos dogmes. Nos dogmes, grâces à Dieu, sont enfermés dans des définitions. Il y a des formules qui marquent des frontières, non celles de la vérité; la vérité n'a pas de frontières; dire qu'on la délimite, c'est se servir d'une expression équivoque. Nos formules définissantes ont pour objet de préserver de l'erreur, non de borner la vérité; ce sont des parapets, des garde-fous; mais elles ne barrent jamais la route : la vérité en elle-même est inépuisable et nous n'aurons jamais fini de la scruter.

« Nos formules dogmatiques, nous devons donc y tenir : ce sont elles qui assurent notre marche. Avec elles nous sommes sûrs de ne pas dévier; mais nous ne sommes pas figés, paralysés; au contraire, nous devons avancer dans la vérité; car la vérité s'ouvre devant nous, infinie, inépuisable, parce qu'elle est la vérité, la vérité divine, la vérité éternelle. »

Seconde partie du discours. — Dans la seconde partie de ce discours, qui est à lire en entier, Ollé-Laprune examine ce qu'un jeune homme, qui pense en homme, doit faire dans le temps présent; il rappelle que si l'on pense virilement, on a trois qualités : on sait voir clair, on sait juger, on sait conclure, on est un homme de principes; il montre ensuite quelle doit être l'attitude de l'homme de principes en face des trois passions de notre temps : dans l'ordre intellectuel, la science; dans l'ordre social, la justice; dans l'ordre politique, la liberté et la démocratie; enfin il conclut en montrant comment la largeur d'esprit se concilie avec la netteté et la fermeté dans les idées.

Conclusion : la largeur d'esprit se concilie avec la fermeté et la netteté dans les idées. — « Tâchons d'avoir des idées nettes et des idées fermes; il le faut, si nous voulons être intellectuellement des hommes. Mais si nous avons des idées nettes et fermes, allons-nous donc nous cantonner pour ainsi dire en nous-mêmes?... Non; la vérité quand elle est nettement et fortement proclamée est unissante, élargissante, conciliante; mais à une première condition, c'est qu'elle soit la vérité, la vérité avec ses arêtes vives, avec ses angles, s'il le faut, quand il s'agit de l'opposer à l'erreur; la vérité avec ses affirmations consistantes, immuable et intransigeante étant intégrale, mais par cela même attirante, pacifiante.

---

[1] C'est l'étroitesse d'esprit qui s'enferme dans la littéralité.

« Mais comment cela se peut-il faire? Si, voulant penser virilement, nous nous attachons à n'avoir que des idées nettes et fermes, comment ne serons-nous pas intolérants et bientôt intolérables?

« La netteté de l'esprit, la vraie, la netteté profonde, c'est la vérité mieux vue, mieux possédée. Or quand, à force de netteté, on va pour ainsi dire jusqu'au bout de la vérité, on trouve, non un mur, mais comme un point d'attache à une autre vérité que la première appelle et dont elle a besoin pour se compléter... Nous sommes des esprits faibles, dispersés; nous ne voyons que des fragments de la vérité. Mais, quand nous possédons bien une vérité, nous n'allons pas nous y enfermer; au contraire, cette vérité que nous possédons bien nous pousse vers les autres vérités auxquelles nous ne pensions pas d'abord, et c'est ainsi que la vérité bien connue, la vérité ferme et nette, ne nous renferme pas en nous, mais plutôt nous élargit et prépare l'union entre les esprits. Sans doute, avec des idées nettes et fermes, nous saurons dire à l'erreur : Tu es l'erreur; mais nous saurons aussi recueillir la moindre parcelle de vérité que nous rencontrerons; nous aimerons la vérité découverte, déclarée par d'autres que nous et nos amis; nous l'apercevrons et nous la saluerons dans les camps adverses; nous la reconnaîtrons même mêlée à des préjugés, à des erreurs.

« C'est ainsi que nous serons larges et conciliants de la bonne manière : prenant, ramassant avec respect la vérité, si défigurée qu'elle soit, sur des lèvres d'hommes qui n'en comprennent pas toute la portée, qui la limitent, qui la mutilent, qui en abusent de mille manières; nous la rétablirons en sa propre forme et la compléterons; et peut-être aurons-nous la joie d'amener ceux mêmes qui ne pensent pas comme nous à se corriger et à se compléter peu à peu eux-mêmes. Voilà comment la vérité est unissante, comment elle est pacifiante, mais à la condition, encore une fois, qu'elle soit la vérité bien nette, bien vigoureusement affirmée ». (OLLÉ-LAPRUNE, *la Vitalité chrétienne*, p. 122-138, passim.)

IV. — L'ENSEIGNEMENT DE LA PHILOSOPHIE NE DOIT PAS ÊTRE PUREMENT THÉORIQUE, NI PUREMENT HISTORIQUE, IL DOIT ÊTRE PRATIQUE

I. Il ne doit pas être purement théorique. — On doit étudier les principes de la philosophie, comme toutes choses d'ailleurs, non seulement pour en jouir, comme le font les dilettantes, les intellectuels, mais pour en vivre, pour agir, pour se rendre plus homme. Tout progrès de l'esprit doit se traduire par un progrès moral parallèle, par une plus grande puissance d'action. S'il en est autrement, si la vérité n'est considérée que comme un bel idéal, agréable seulement à connaître et à contempler, ce n'est pas avec toute son âme qu'on la cherche et qu'on la possède; il en résulte nécessairement une diminution et une déviation de forces intellectuelles et morales. C'est ce que condamne Bossuet dans cette parole bien connue : « Malheur à la connaissance stérile, qui ne se tourne pas à aimer et se trahit elle-même ! »

II. Il ne doit pas être purement historique. — « Il est des personnes, dit M. Fouillée, qui veulent substituer à la philosophie *l'histoire de la philosophie*. Ce serait là, dans l'éducation de la jeunesse, remplacer le plus facile par le plus difficile, le plus clair par le plus obscur, l'utile par le superflu. Rien de plus ardu, pour un esprit non encore exercé, non au courant de la philosophie même, que l'histoire des systèmes de philosophie; ou il ne comprend pas, ou ce qu'il comprend lui parait étrange. L'enchaînement des systèmes et le côté profond des doctrines ne sont intelligibles que pour les esprits mûrs. L'histoire superficielle de la philosophie est propre à décrier la philosophie même. Il faut connaître seulement, et les bien connaître, les grands systèmes; le reste est bon pour les érudits. Une seule question dogmatique, examinée à fond, fait plus pour l'éducation que toute une histoire de la philosophie à vol d'oiseau. » (A. FOUILLÉE, *l'Enseignement au point de vue national*, L. V, ch. v.)

III. Il doit être pratique [1]. — L'enseignement philosophique ne doit pas se borner à étudier l'évolution historique des problèmes, mais s'efforcer de dégager les principes, les principes moraux surtout, qui gouvernent la vie, si l'on veut que cet enseignement soit vraiment éducatif et n'aboutisse pas « à brouiller les idées des jeunes gens et à leur donner le vertige », suivant l'aveu du même philosophe.

C'est ainsi qu'a procédé Bossuet dans l'éducation du Dauphin. « Pour les choses qui regardent la philosophie, dit-il dans sa *Lettre à Innocent XI*, nous les avons distribuées de sorte que celles qui sont hors de doute et utiles à la vie lui puissent être montrées sérieusement et dans toute la certitude de leurs principes. Pour celles qui ne sont que d'opinion et dont on dispute, nous nous sommes contenté de les lui rappeler historiquement. » Et dans sa *Politique tirée de l'Écriture sainte*, il dit encore : « Les vraies études sont celles qui apprennent les choses utiles à la vie humaine. » (Liv. V, art. 1er.)

Cette méthode est aussi celle qu'indique Ollé-Laprune : « En toutes choses étudier à fond; de toute idée, considérer le tout, autant que possible, et chercher à voir clair, à toucher le fond, à saisir les liens avec le reste, mais en commençant toujours par mettre en relief le plus solide et le plus sûr. Ainsi les esprits redeviendront capables de considérer les idées simples dans toute la certitude de leurs principes et d'en suivre les conséquences avec rigueur. » (*Les Sources de la paix intellectuelle*, p. 118.)

---

[1] Les alinéas I et III sont extraits de la *Préface* du *Cours de Philosophie, à l'usage de la jeunesse catholique des Écoles*, par F. J.; Mame, Tours.

Mgr Dupanloup, dans son ouvrage sur la *Haute éducation intel-lectuelle*, s'élève avec force contre la philosophie où dominent les discussions purement théoriques.

« Le but de la philosophie, dit-il, ce n'est pas seulement *le bien savoir*, c'est *le bien faire*. Etudier pour connaître, connaître pour aimer, aimer pour prati-quer, telle est la philosophie. On la mutile, on la scinde déplorablement, on la sépare de ce qu'elle a de plus essentiel et de plus grand, quand on veut la considérer comme une science purement spéculative et la restreindre à ce que Bossuet appelait avec dédain le *philosophique pur*, c'est-à-dire la pure spécu-lation, la pure abstraction. Tout dans la philosophie doit tendre à rendre meil-leurs ceux qui s'y appliquent.

« Il faut enseigner aux jeunes gens une philosophie pratique et morale, et par une philosophie pratique et morale, j'entends que le résultat des études philosophiques, bien conduites, devrait être d'opérer comme une transforma-tion morale dans l'âme d'un jeune homme et de faire prédominer la raison, la conscience, la loi, le devoir, la vertu, la pensée de Dieu, là où les impressions, l'imagination, les sens peut-être et les premiers mouvements des passions naissantes, dominaient. Et, si une éducation chrétienne avait préservé le jeune homme de ce dernier écueil et maintenu dans sa conscience l'empire du devoir, je m'appliquerais du moins à substituer des convictions réfléchies et par consé-quent plus fortes, à ce qui n'était encore que d'heureux instincts ou de simples habitudes; en un mot, je voudrais le rendre plus homme, c'est-à-dire plus gouverné par la raison et la conscience.

« Le but de la philosophie est de former ce que Platon appelait des *âmes philosophes*, c'est-à-dire des âmes comprenant que l'homme doit s'appliquer à faire prévaloir, dans sa vie, la raison, la conscience, la volonté de Dieu, et qu'on ne vit pas en homme quand on ne vit pas de cette façon.

« Et c'est pourquoi, en logique, par exemple, les professeurs de philosophie doivent s'appliquer à prémunir les jeunes gens, non seulement contre les causes d'erreur qui viennent de l'esprit, mais encore et surtout contre celles qui viennent du cœur; leur montrer que les ténèbres du cœur sont plus redou-tables que celles de l'esprit, et leur inculquer fortement la nécessité d'une bonne discipline morale, même pour le bon gouvernement de l'intelligence; leur faire sentir, en un mot, que le cœur doit être pur pour que l'esprit soit lumineux. » (DUPANLOUP, *Haute éducation*, II, liv. II, x.)

V. — DE L'EMPLOI DU MANUEL DANS L'ENSEIGNEMENT DE LA PHILOSOPHIE

L'enseignement est l'action d'une intelligence sur des intelligences et d'un cœur sur des cœurs. — S'il est un enseignement qui doit être vivant, c'est bien celui de la philosophie. Là surtout, l'on doit se rappeler que, d'une façon générale, l'ensei-gnement est l'action d'une intelligence sur des intelligences, d'un cœur sur des cœurs.

C'est l'intelligence qui enseigne, et c'est l'intelligence qui est enseignée. Ce qu'une intelligence connaît, elle le fait connaître à d'autres intelligences en agissant sur elles, en les éclairant de sa lumière, en la leur communiquant. Il va de soi que l'enseignement, celui de la philosophie surtout, qui a pour but de faire voir la vérité sur l'homme, sur sa nature et ses relations, sur ses facultés, est bien l'action d'une intelligence sur des intelligences.

Il est aussi l'action d'un cœur sur des cœurs. Il l'est dans ce sens, qu'il faut aimer la vérité pour l'enseigner; qu'il faut la faire aimer pour la faire apprendre. C'est le cœur seul qui aime et qui fait aimer, c'est le cœur seul qui agit sur les cœurs. Les bonnes leçons, celles qui sont comprises et profitent, c'est-à-dire qui font avancer l'esprit et, s'il y a lieu, atteignent la volonté, sont celles qui sont données et reçues avec amour : on ne fait bien que ce que l'on aime.

Il faut, comme on l'a vu plus haut, que l'enseignement de la philosophie se donne et se reçoive avec l'âme tout entière, l'esprit et le cœur : l'esprit qui regarde, qui voit, qui montre, qui comprend ; le cœur qui anime l'esprit, qui rend attentif, qui inspire l'effort efficace.

Tout cela est-il conciliable avec l'emploi d'un manuel? — Évidemment oui; mais à la condition que le maître possède sa matière et la domine, qu'il ne soit pas esclave du manuel, qu'il s'en serve et ne s'y asservisse pas ; qu'il s'attache à rendre tout intelligible, tout clair pour l'esprit et intéressant pour le cœur, ne laissant jamais aucune notion obscure, aucun terme inexpliqué; ayant toujours toute la philosophie présente à l'esprit et recourant, pour les explications et les développements, aux parties qui ne viendront que plus tard, mais dont une première vue est nécessaire pour éclairer la question que l'on traite.

Si l'on procède ainsi, l'élève ne se servira pas du manuel pour s'y enfermer, il n'apprendra pas seulement des mots et des formules, mais des choses, des réalités, qu'il apercevra en elles-mêmes et dans leur liaison naturelle, et qu'il sera heureux de retrouver, à tout besoin, condensées et classées dans son manuel, que nous supposons tenu au courant et vraiment bien fait.

Le maître ne doit pas oublier, pas plus que l'élève d'ailleurs, qu'il n'y a de vraiment possédé par l'esprit que ce qu'il s'assimile et s'approprie par un acte personnel. C'est une nécessité et un devoir de penser par soi-même, soit qu'on enseigne et pour vraiment enseigner, soit qu'on apprenne et pour vraiment apprendre. Et c'est en cela que consiste la virilité intellectuelle que les études philosophiques tendent à développer. On a cette virilité, quand on sait faire sien ce que l'on donne et ce que l'on reçoit; quand ce n'est pas comme par ouï-dire, ou sur commande, ou seulement sur les indications d'autrui que l'on affirme ceci, que l'on nie cela, que l'on agrée ou que l'on repousse, que l'on admire ou que l'on condamne, mais parce qu'on voit soi-même l'objet ou l'idée, et les raisons de dire oui ou de dire non, d'agréer ou de repousser, d'admirer ou de condamner.

La vérité est notre maître à tous. — La vérité est notre maître à tous, et nous avons tous le devoir de la chercher activement et de lui obéir dès que nous la connaissons. Ce n'est pas à Socrate, à Platon, à Aristote, à Euclide, à saint Thomas; ce n'est pas à un professeur ou à un manuel quelconque que nous avons à nous soumettre, mais à la vérité uniquement : nul homme n'est infaillible, et une chose n'est pas vraie parce que Platon, Aristote ou saint Thomas l'a dite, mais parce qu'elle est réellement telle, et que telle nous la voyons. La société peut subsister sans l'esclavage, et l'esclavage n'est pas légitime, bien qu'Aristote ait dit le contraire. On peut aimer Platon ou Aristote, mais moins que la vérité, et mieux vaut leur déplaire que de la blesser. On ne peut d'ailleurs être l'ami d'un homme que si on l'est d'abord de la vérité, a dit saint Augustin, qui avait une grande estime pour Platon, dont il suivait souvent les doctrines.

Il est raisonnable, il est nécessaire de tenir compte des connaissances et de la sagesse de ces hommes éminents, de les prendre « pour guides, mais non pour maîtres », comme le dit Sénèque. Le seul maître, pour nous comme pour nos devanciers et nos successeurs, pour le professeur comme pour les élèves, c'est la vérité. La vérité appartient à tous et à chacun, personne ne se l'est appropriée, personne n'en a le monopole. Un élève est convaincu par les raisons que lui donne le professeur ou qu'il trouve dans son manuel; ce n'est pas au professeur ou au manuel qu'il se soumet, mais à la vérité, qu'il n'apercevait pas ou qu'il ignorait, et que le professeur ou le manuel lui a aidé à voir ou à connaître.

NOTE COMPLÉMENTAIRE

M. Fonsegrive, questionné sur l'usage du manuel dans l'enseignement de la philosophie, se pose cette question : « Le professeur doit-il dicter son cours et exclure tout manuel? » Et il répond : « C'est ce que je ne pense pas. Le professeur doit parler son cours, le penser, le vivre devant ses élèves. Les élèves doivent prendre des notes et le professeur ne doit pas dicter, il ne doit pas même s'efforcer de parler si lentement que l'élève puisse prendre le cours tout entier.

« Pourquoi? Parce que la dictée est mortellement ennuyeuse, parce que, surtout, l'élève qui s'efforce de reproduire le cours fait œuvre passive de phonographe ou de machine à écrire. Il faut que prendre des notes ne soit pas un simple exercice de reproduction, mais sinon de production, au moins de compréhension. Pour cela, il faut que l'élève ait à travailler, à comprendre, à discerner. Si le professeur parle *modo oratorio*, l'élève ne pourra tout prendre, tant mieux! car alors, il sera forcé de choisir et, pour choisir, de comprendre et de discerner. L'élève s'appliquera à ne noter que l'important et que l'essentiel; le professeur pourra reprendre et varier ses expositions, ses démonstra-tions, ses formules; l'élève, en revoyant ses notes pour faire sa rédaction, devra fondre toutes ces reprises pour éviter les répétitions : et ainsi le professeur parle et vit sa pensée durant son cours; l'élève, guidé par le sommaire et les insistances du professeur, se fait à lui-même son cahier, qui lui servira de manuel. Pas de dictée, pas de reproduction *ad verbum*, pas de sténographie, de simples notes et un sérieux travail de rédaction.

« C'est ici que les manuels ont leur utilité. Ils aident l'élève à comprendre ses notes, à fixer les formules, à répéter les démonstrations. Ils lui servent d'aide-mémoire, de soutien et de modèle. Aussi, loin de les proscrire, je crois qu'il convient de conseiller aux élèves d'en avoir chacun deux ou trois à leur service.

« On croira peut-être que cette méthode ne convient qu'à une élite. Une expérience de près de trente ans m'a convaincu du contraire. Pourvu que le professeur ait soin d'être clair, simple, de faire son cours à arêtes vives, d'élaguer du cours commun, quitte à les réserver pour les libres explications ultérieures, les questions trop subtiles ou trop curieuses, les élèves les plus ordinaires arrivent à prendre le cours, de façon suffisante pour présenter des rédactions sensées, sur lesquelles ils pourront repasser plus tard et préparer l'examen...

« ... Vivons donc et faisons vivre, pensons et faisons penser, exerçons à penser, c'est, en classe de philosophie, toute la loi et tous les prophètes.

« C'est pourquoi il faut enlever à l'élève tous les prétextes qui autoriseraient la passivité de son esprit. » (*Revue de philosophie*, 1er févr. 1902, p. 282.)

CHAPITRE II

PRATIQUE DE L'ENSEIGNEMENT DE LA PHILOSOPHIE

I. — RÈGLES PRATIQUES D'ENSEIGNEMENT DE LA PHILOSOPHIE TIRÉES DES « RÈGLES DE LA MÉTHODE », DE DESCARTES

Descartes, dans son *Discours de la Méthode*, a donné les règles de la *Méthode générale* pour la recherche de la vérité. Employées en pédagogie, ces règles, largement interprétées, constituent une excellente méthode d'enseignement de la philosophie. Les professeurs n'ont qu'à se les appliquer à eux-mêmes pour suivre dans leur enseignement une marche vraiment rationnelle et pratique.

1re RÈGLE. — La première règle est celle de l'*évidence rationnelle :* « *Ne recevoir jamais une chose pour vraie que l'on ne l'ait reconnue évidemment être telle (évidemment : avec le caractère de l'évidence), c'est-à-dire éviter soigneusement la précipitation et la prévention, et ne comprendre rien de plus en ses jugements que ce qui se présente si clairement et si distinctement à l'esprit que l'on n'ait aucune occasion de le mettre en doute.* »

Cette règle est le principe qui préside au développement de toutes les sciences ; c'est, comme dit Bossuet, *la vraie règle de bien juger.* Elle établit l'*évidence* comme critérium de la certitude, ainsi que l'usage du *doute méthodique.*

Le *doute méthodique,* déjà pratiqué par saint Augustin, par saint Thomas, qui n'en ont pas, comme Descartes, outré l'application et ne l'ont pas érigé en système, est la partie critique et négative de la méthode : il a pour but d'affranchir l'esprit des opinions non seulement erronées, mais même peu solides qu'il peut avoir ; le critérium de l'*évidence* représente la partie dogmatique et positive, qui enseigne à trouver la vérité.

On peut employer dans l'enseignement l'un et l'autre de ces procédés, à la condition de ne pas donner au doute un caractère universel, comme l'a fait Descartes quand il a fait table rase de toute la science acquise, et de ne pas oublier qu'il y a plusieurs sortes d'évidence, comme il y a plusieurs sortes de vérité et de certitude (Voir *Cours de Philosophie*, p. 362 et 402), et que ces diverses sortes d'évidence et de certitude, qui ne se produisent pas par les mêmes moyens, sont d'égale valeur une fois établies. L'évidence mathématique, par exemple, est d'une autre sorte que l'évidence morale, mais ne lui est pas supérieure.

C'est un point très important de la méthode que de ne demander, dans chaque ordre de vérités, que la certitude que cet ordre de vérités comporte. « Il serait ridicule de vouloir exiger une démonstration géométrique des vérités d'expérience ou historiques. » (EULER.) Le matérialiste, qui nie l'âme, sous prétexte qu'en fouillant le cerveau il ne l'a pas rencontrée sous son scalpel ou sous sa loupe, est absurde : l'âme ne se voit ni ne se touche, mais elle se manifeste par les faits ou phénomènes spirituels qu'elle produit; elle est objet de certitude morale et métaphysique, non de certitude physique : l'humanité atteste son existence; ses effets nous la font connaître comme cause.

Ainsi encore, il ne faut pas vouloir traiter par la méthode des sciences exactes et positives tant de questions que l'homme a à résoudre dans sa vie, qui sont d'un autre ordre et réclament une autre méthode; qui, reposant d'abord sur des notions communes à tous les hommes, ne sont susceptibles d'être traitées ni par l'expérimentation, ni par le calcul.

« Questions de droit ou d'équité, questions de conduite morale ou de conduite politique; questions de l'éducation des enfants, du choix des amis, questions sociales, toutes ces questions, qui sont le fond de la vie civilisée, se rapprochent beaucoup plus, soit pour les notions, soit pour les méthodes, des questions que l'on traite en philosophie que de celles des sciences exactes et positives. Toutes les grandes discussions qui ont eu lieu parmi les hommes, sauf les intérêts pratiques et techniques, celles qui séparent les peuples, qui divisent les classes, qui sont l'objet des débats dans les assemblées politiques, dans les assemblées communales, dans les conseils pédagogiques, couvrent toutes un fond de philosophie et ne peuvent se traiter que par l'analyse des idées, appuyée sans doute sur l'observation, mais sur une observation qui n'a pas la rigidité absolue des observations physiques ou chimiques, et aussi par le raisonnement, mais par un raisonnement qui ne peut devenir un calcul et qui même ne se rapproche de la rigueur du calcul qu'au détriment de la vérité. » (*Instructions* 1890, p. 108.)

En outre, pour appliquer cette règle de Descartes, il faut s'efforcer, dans l'enseignement, « de ne donner aux élèves que des idées claires et distinctes, de manière à ne leur proposer pour vrai que ce qui leur paraîtra évidemment être tel. » Pour cela il ne suffit pas que ces notions paraissent claires au professeur : c'est de la clarté pour les élèves qu'il s'agit. Il faut s'assurer, par l'interrogation, qu'elles ont été bien comprises, que d'autres idées ne sont pas venues à la traverse de celles-là, que des difficultés dont les jeunes gens eux-mêmes n'ont pas conscience, ne font pas obstacle aux notions reçues et n'en allèrent pas la nature. Il faut que le professeur s'interroge lui-même et se dise : Si tu n'avais pas la longue préparation philosophique que tu as reçue, comprendrais-tu toi-même ces idées qui te paraissent si simples? Il faut tenir compte des idées moyennes, de ce que l'on appelle le sens commun, trop dédaigné par nos philosophes, qui ne réfléchissent pas que le sens commun d'aujourd'hui est le résultat du travail philosophique des siècles. Il faut partir de ce qui est généralement accepté, et, comme dit Descartes, « communément reçu parmi les mieux sensés. » (*Instructions* 1890, p. 114.)

2e RÈGLE. — La seconde règle de Descartes recommande l'*analyse;* elle consiste à « *diviser chacune des difficultés à examiner en autant de parcelles qu'il se peut et qu'il est requis pour les mieux résoudre* ».

L'esprit humain, trop faible pour saisir les choses d'une seule vue, divise le travail afin de le rendre plus facile et plus complet. S'il s'agit d'un objet à étudier, diviser la difficulté, c'est considérer séparément chaque partie de l'objet; par exemple, la vie et ses diverses formes, l'âme et ses facultés, une faculté et ses actes. S'il s'agit d'une question à résoudre, c'est examiner à part chacune des conditions auxquelles la solution cherchée doit satisfaire; par exemple, la psychologie est-elle une science, en a-t-elle les caractères? On le verra en examinant à part les caractères de la science et ceux de la psychologie, et en montrant que ceux-ci rentrent dans ceux-là.

« Cette règle s'applique merveilleusement à l'enseignement de la philosophie. Il ne faut pas traiter toutes les questions à la fois. Il faut les distinguer et les échelonner. C'est un abus et un danger que de donner trop d'idées à digérer en même temps. Chaque question doit être étudiée en elle-même et pour elle-même. C'est le fait de la faiblesse ou de l'inexpérience d'appliquer à tous les sujets les mêmes formules, et de tout résoudre par un *Sésame, ouvre-toi* universel[1]. Il y a, sans doute, une difficulté particulière en philosophie : c'est que dans cette science tout est dans le tout; toutes les questions rentrent les unes dans les autres. C'est là cependant un écueil qu'il faut éviter. Quelque liaison que les problèmes aient ensemble, ils ont néanmoins chacun leur difficulté propre : il faut les dégager l'un de l'autre et mettre en relief le point spécial de chacun d'eux. Après tout, la pensée est une, et le langage est successif. Nous sommes obligés, en parlant, de séparer l'attribut du sujet, quoique nous les pensions ensemble : nous avons donc le pouvoir et nous subissons la nécessité de dire les choses les unes après les autres. On doit avertir des rapports; mais ces rapports n'auront leur prix que lorsque chaque partie du tout aura été étudiée en elle-même. » (*Instructions*, p. 115.)

3e RÈGLE. — La troisième règle consiste à « *conduire par ordre ses pensées, en commençant par les objets les plus simples et les plus aisés à connaître, pour monter peu à peu à la connaissance des plus composés.* »

Cette règle recommande la *synthèse*, qui doit succéder à l'analyse; elle nous indique dans quel ordre les questions doivent être traitées,

---

[1] « Se dit quelquefois pour : paroles qui doivent produire un effet magique, par allusion au conte des *Mille et une Nuits*, où l'on ne pouvait ouvrir une porte qu'en prononçant : *Sésame, ouvre-toi.* » (LITTRÉ.)

et, comme l'ordre est essentiel à la méthode, cette règle est la plus importante. Il faut procéder graduellement, aller du simple au composé, du plus facile au plus difficile, en enchaînant les principes et les conséquences par une série de déductions.

« Il est certain que, tout en commençant par un petit nombre d'idées à la fois et en divisant et en graduant les difficultés et les problèmes, il faut néanmoins avancer; à mesure que le nombre d'idées augmentera et qu'on aura résolu plus de problèmes, on pourra présenter aux esprits des idées plus complexes et des difficultés plus grandes. En un mot, il est dans la nature des choses que le cours de philosophie soit plus fort à la fin qu'au commencement. » (*Instructions*, p. 115.)

4° Règle. — La quatrième règle est celle de l'*énumération*. « *Faire partout des dénombrements si entiers et des revues si générales, que l'on soit assuré de ne rien omettre.* »

Cette règle, énoncé des conditions requises d'une bonne analyse et d'une bonne synthèse, est aussi un moyen de vérification analogue à ce que l'on appelle la *preuve* en arithmétique. Les dénombrements entiers et les revues générales font éviter la *précipitation* et la *prévention*; ils permettent à l'esprit de ne rien confondre, de faire les distinctions nécessaires, de saisir l'enchaînement rigoureux des idées, des êtres ou des faits, et de n'omettre aucun des intermédiaires qui forment cet enchaînement; ils conduisent à donner aux questions l'ampleur et la plénitude qu'elles exigent.

Règle de Bossuet. — A ces règles de Descartes, il convient d'ajouter celle-ci de Bossuet : « *Ne jamais abandonner les vérités déjà connues, quelques difficultés qu'il y ait à les concilier avec d'autres vérités.* »

La vérité ne pouvant être contradictoire avec elle-même, dès lors que deux vérités sont prouvées, leur harmonie est certaine, quoique cachée et non démontrée. On peut donner, comme exemple d'application de la règle de Bossuet, l'accord de la liberté humaine avec l'omniscience de Dieu. Nous sommes certains de ces deux vérités, savoir : notre liberté morale, attestée par notre conscience, et l'omniscience de Dieu, affirmée par notre raison. Ces deux vérités sont certaines séparément; il faut donc les affirmer, quoique nous ne sachions pas comment elles se concilient.

Axiome des scolastiques. — Enfin, il faut aussi ne pas oublier cet *important* axiome des scolastiques : « *L'ignorance du mode selon lequel un fait se passe ne détruit pas la certitude du fait.* »

C'est surtout quand il est question des causes qu'il est nécessaire d'appliquer cet axiome. La science n'est pas encore parvenue, malgré ses plus actives recherches, à dégager la nature intime et la cause des phénomènes électriques; cela empêche-t-il d'en admettre l'existence et de bénéficier de leurs merveilleuses applications?

II. — PHILOSOPHIE MÊLÉE A TOUT L'ENSEIGNEMENT

La philosophie, non en tant que cours théorique, mais en tant qu'elle constitue le fond même de la pensée, et qu'elle est un ensemble de vérités fondamentales et d'expérience d'où l'on tire des règles pratiques pour la direction de l'esprit et de la volonté, ne doit pas simplement être considérée comme le complément et le couronnement des études. Elle doit les inspirer et les pénétrer toutes, à commencer par les études primaires, par celles même des plus petits enfants. La suite de cette méthodologie montrera pourquoi et comment.

Cette méthode est indiquée dans Montaigne. — On pourra croire que cette idée est nouvelle en pédagogie; elle ne l'est pas; car on la trouve déjà au XVIᵉ siècle, dans Montaigne :

« Puisque la philosophie, dit-il, est la science qui nous instruit à vivre et que l'enfance y a sa leçon comme les autres âges, pourquoi ne la lui communique-t-on pas?... On nous apprend à vivre, quand la vie est passée. Notre enfant est pressé : il ne doit au pédagogisme (à l'éducation scolaire) que les premiers quinze ou seize ans de sa vie[1]; le demeurant (ce qui reste) est dû à l'action. Employons un temps si court aux instructions nécessaires... Prenez les simples discours de la philosophie, sachez les choisir et traiter à point : ils sont plus aisés à comprendre qu'un conte... Un enfant en est capable au partir de la nourrice, beaucoup mieux que d'apprendre à lire ou à écrire. La philosophie a des discours pour la naissance des hommes, comme pour leur décrépitude. » (*Essais*, liv. I, ch. XXV.)

Elle a été conseillée et suivie par des hommes d'expérience et de sens pratique. — Cette dernière parole de Montaigne sert d'épigraphe à un ouvrage très pratique, de A. Pélissier, *la Gymnastique de l'esprit*. Au début de la quatrième partie, qui traite de l'*éducation du sens moral et religieux*, l'auteur dit « que cette partie peut être recommandée à tous les écoliers de tout âge, et qu'elle doit prouver que les plus hauts principes de la raison sont accessibles aux plus jeunes intelligences ». — « Le livre I, qui étudie *l'enfant et ses*

---

[1] Pour beaucoup d'enfants, c'est même beaucoup moins.

devoirs, s'adresse aux enfants de dix ans ; il leur présente quelques observations et prescriptions morales dans un ordre très régulier ; une analyse morale, provoquée et dirigée par les questions du maître, conduit l'élève à une conclusion, que couronne une résolution. » — « Le livre II, qui apprend à connaître *l'homme et Dieu*, est vraiment une psychologie et une théodicée mises à la portée des enfants de douze à quinze ans. « Une expérience déjà longue m'a convaincu, dit l'auteur de la *Gymnastique de l'esprit*, que leur intelligence est capable de s'élever à cette hauteur. Tout le secret, pour se faire comprendre des enfants, est dans ces trois mots : *Ayez un langage précis ; enchaînez avec une logique rigoureuse tous vos jugements ; ne prolongez pas trop vos leçons.* » (*Gymnastique de l'esprit*, 4ᵉ partie, Introduction.)

Les mêmes idées se trouvent exprimées et les mêmes conseils donnés dans un excellent petit livre : *Éducation intellectuelle*, publié par un ancien magistrat :

« Il est un moyen d'étendre au grand nombre, dit-il, le bienfait de la raison cultivée et appliquée aux devoirs de la vie : c'est de ne jamais séparer de l'instruction scolaire, à quelque degré que l'enfant la reçoive, l'éducation intellectuelle ; c'est de faire en sorte que, chez le plus humble élève, les facultés de l'entendement soient stimulées et mises à l'œuvre, non certes par un enseignement formaliste et dogmatique, mais par la pratique de chaque jour, par des exercices familiers, appliqués selon les circonstances et dans la mesure de l'intelligence de chacun.

« Ne craignons pas de revenir à cette sentence émanée d'un grand esprit : « Le bon sens doit être le maître de la vie humaine. » (BOSSUET) Or la vie humaine, avec ses obligations et ses risques, commence de bonne heure. Elle n'attend pas le plein épanouissement de la jeunesse, l'âge où l'on a pu couronner son instruction classique par l'étude doctrinale de la métaphysique, de la logique et de la morale. C'est d'ailleurs un sur mille qui atteint ce sommet.

« Que le bon sens s'empare donc au plus tôt de son domaine. Qu'il y règne en maître, dès qu'il y a pour l'être humain une destinée qui se prépare, un but marqué, une conduite à tenir, des habitudes à prendre, une responsabilité engagée. Il n'y va pas seulement de la moralité de l'individu, il y va de l'avenir même des sociétés. » (H. CORNE, *Éducation intellectuelle*, Conclusion.)

« Si les enfants sortent de l'école sans que les facultés intellectuelles de leur entendement leur aient été révélées, sans qu'ils en aient appris et essayé du moins le jeu admirable, combien il y a de chances pour qu'ils vivent toujours dans cet engourdissement de l'intelligence, dans cet état de barbarie recouverte d'un peu de vernis moderne, dont le spectacle à chaque pas nous afflige !

« On craint que les enfants ne se rebutent devant des pensées élevées et qu'ils soient incapables de les saisir. J'estime, au contraire, que les enfants, comme les peuples, ont l'esprit ouvert à tout ce qui est beau et grand. Les hautes pensées sont simples, et, pour les comprendre, des instincts droits, qui ne manquent pas aux hommes les moins cultivés, viennent en aide à l'intelligence. Que les explications soient sans pédantisme, dans l'ordre naturel, claires surtout, et, quoique faites sur un ton sérieux, elles sont acceptées. L'expérience dit assez que ce n'est pas la forme vulgaire et le genre enfantin qui les mettraient en honneur auprès des jeunes élèves. » (*Idem*, Avant-propos.)

Cette dernière remarque est d'un grand sens, et indique un écueil à éviter. Les leçons de cette sorte, données sous une forme vulgaire et dans le genre enfantin, ne seraient pas en honneur auprès des élèves, même les plus jeunes, parce qu'elles ne satisferaient pas et ne feraient pas avancer l'esprit, ne formeraient pas, ne seraient pas éducatives. Il est un niveau au-dessous duquel la science, même la plus élémentaire, ne saurait descendre. On ne fait grandir personne en l'abaissant. « La vérité, dit Bossuet, est semblable aux eaux des fontaines publiques, que l'on élève pour les mieux répandre. »

Bossuet lui-même l'a pratiquée. — Bossuet lui-même, bien qu'il ne se soit agi pour lui que d'une éducation individuelle, peut être appelé en témoignage; car il a pratiqué, dans l'éducation du Dauphin, ce que nous recommandons ici :

« Après avoir considéré, dit-il, que la philosophie consiste principalement à rappeler l'esprit à soi-même pour s'élever ensuite comme par un degré sûr jusqu'à Dieu, nous avons commencé par là, comme par la *recherche la plus aisée, aussi bien que la plus utile*[1] et la plus solide qu'on se puisse proposer. Car ici, pour devenir parfait philosophe, l'homme n'a besoin d'étudier autre chose que lui-même, et, sans feuilleter tant de livres, sans faire de pénibles recueils de ce qu'ont dit tant de philosophes, ni aller chercher bien loin des expériences, en remarquant seulement ce qu'il trouve en lui, il reconnaît par là l'auteur de son être. Aussi avions-nous, *dès les premières années, jeté les semences d'une si belle et si utile philosophie : et nous avions employé toute sorte de moyens*[1] pour faire que le prince sût, dès lors, discerner l'esprit d'avec le corps, c'est-à-dire cette partie qui commande en nous, de celle qui obéit, afin que l'âme commandant au corps lui représentât Dieu commandant au monde entier et à l'âme même. Mais lorsque, le voyant plus avancé en âge, nous avons cru qu'il était temps de lui enseigner méthodiquement la philosophie, nous en avons formé le plan sur ce précepte de l'Evangile : « Considérez-vous attentivement vous-même, » (Luc, XXI, 34), et sur cette parole de David : « O Seigneur, j'ai tiré de moi-même une merveilleuse connaissance de ce que vous êtes. » (Ps. CXXXVIII, 6.)

Comme on le voit, dès les premières années de l'éducation du Dauphin, Bossuet lui a enseigné la philosophie, *comme la chose la plus aisée*, ce qui ne l'a pas empêché de la lui exposer ensuite méthodiquement, c'est-à-dire avec toute l'ampleur qu'elle comporte, lorsque son élève a été plus avancé en âge.

L'Université s'en inspire de plus en plus. — L'Université elle-même, tout en considérant, comme toujours elle l'a fait, un cours théorique de philosophie comme devant être le couronnement des études secondaires, a cependant reconnu la nécessité de faire, dans les Écoles normales où se forment les maîtres de l'enseignement primaire, un cours de psychologie, de logique et de morale appliquées à l'éducation, et a manifesté son intention d'en vulgariser, dans l'enseignement primaire, les idées et les conclusions pratiques, et cela, dans la mesure où l'esprit des élèves est capable de les recevoir.

---

[1] Le texte n'est pas souligné dans Bossuet.

Il en est de même dans les classes moyennes de l'enseignement secondaire. Dès 1882, dans les programmes de l'enseignement secondaire spécial, qui a été transformé en 1890 en enseignement secondaire moderne, elle introduisait l'étude de la *morale* dans les classes de quatrième, c'est-à-dire pour des enfants de douze à quatorze ans.

Les nouveaux programmes, ceux de 1902, où il n'est plus question que d'enseignement secondaire, sans distinction de classique et de moderne, consacrent cette pratique et l'étendent à un plus grand nombre de classes. Il est déjà prescrit, dès les classes préparatoires et les classes élémentaires, de *petites lectures ou histoires morales, suivies de questions propres à en faire ressortir le sens;* de plus, le cours de morale pratique est réparti en deux classes : morale individuelle en quatrième, morale sociale en troisième. Dans la première de ces classes, le professeur doit, *par des lectures, des récits, des entretiens méthodiques, chercher à fortifier les sentiments favorables au développement moral et à combattre les tendances contraires;* dans la seconde, par les mêmes moyens, chercher à faire comprendre *les fins de l'homme en société.*

Dans les Instructions jointes aux Programmes et Règlements publiés en 1890 par le ministère de l'Instruction publique, on trouve l'indication de la méthode que nous exposons ici :

« Un ingénieux philosophe avait eu, il y a quelques années, cette idée, paradoxale en apparence, c'est que *de même que les sciences sont représentées dans toutes les classes, de même il devrait y avoir un enseignement philosophique dans toutes les classes, depuis la huitième jusqu'à la philosophie* [1]. C'était là une idée théorique dont nous ne demandons pas l'application [2]; mais, comme idée théorique, combien cette idée est juste et ingénieuse! Combien il serait intéressant pour le psychologue de pouvoir suivre le progrès des idées abstraites, depuis la tendre enfance jusqu'à l'adolescence; d'étudier l'imagination, les sentiments, les idées d'art, les idées morales à tous les étages, et encore plus intéressant en bas qu'en haut! Oh! combien je voudrais voir les jeunes philosophes, au lieu de dédaigner l'enseignement modeste que l'on désire d'eux, demander eux-mêmes au contraire à faire une classe de huitième, de s'essayer à des leçons de choses! Ils vérifieraient ainsi par leur propre expérience les assertions psychologiques de Jean-Jacques Rousseau, et contribueraient pour leur part à cette science qui n'existe encore que par fragments, la psychologie de l'enfant, et à cette autre qui n'existe pas du tout, la psychologie du jeune homme. » (*Instructions,* p. 113.)

Nombre de bons esprits pensent de même aujourd'hui. — Ils constatent avec peine la lacune regrettable que constitue, pour la formation sérieuse des esprits, le fait de ne s'occuper de philosophie qu'à la fin des études.

---

[1] C'est nous qui soulignons.
[2] Pourquoi non?

Citons d'abord M. Rocafort, professeur au lycée Saint-Louis :

« On se plaint, dit-il, que l'éducation morale soit insuffisante au lycée. Le moyen de la fortifier n'est pas d'avoir l'air d'en faire un cours spécial, qu'on rejette à la fin des études; il faut en imprégner tout le système d'enseignement, en remplir toutes les années scolaires, et pour ainsi dire chaque journée. »

Il demande que l'on distingue, dans la philosophie, une partie élémentaire et pratique, qui serait échelonnée

« ... dans un ordre de difficultés progressives, d'un bout à l'autre de la période scolaire, de la neuvième à la première. La morale y serait au premier plan, et d'une manière permanente. Elle serait enseignée aux enfants sous la forme des devoirs les plus simples, avec plus de force et de profondeur aux plus âgés. » (*L'Unité morale dans l'université*, Appendice.)

M. Lavisse, dans une conférence faite à l'École des hautes études sociales, *Souvenir d'une éducation manquée*, demande que le professeur ne se contente pas d'imposer aux élèves des exercices dont ils ne comprennent ni la raison ni la portée, mais qu'il leur explique un peu « ce qu'ils font et pourquoi ils le font ».

« C'est une règle excellente, dit-il, de projeter une lumière sur la route de l'écolier, puis de l'arrêter de temps en temps pour l'inviter à se retourner vers le chemin parcouru, avant de le remettre en train. Il viendra un jour où beaucoup de maîtres seront capables de donner ces directions générales. Mais en attendant, *pourquoi le professeur de philosophie demeure-t-il enfermé dans la dernière classe du collège?* J'ai peur que cette classe finale ne soit, aujourd'hui encore, une tête superposée à un corps qui ne l'attendait pas; l'enseignement philosophique, très aimé des élèves, les surprend toujours comme une nouveauté. *Le professeur de philosophie devrait aller au-devant de ses futurs disciples.* Un élève philosophiquement dirigé dans son travail intellectuel et qui en découvrirait l'ensemble et les objets, serait autre chose et plus qu'un candidat au baccalauréat ou même à l'École polytechnique. » (*La Revue de Paris*, 15 novembre 1902, p. 239, et *L'Éducation de la démocratie*, p. 27.) — Eh! oui, il serait tout d'abord un homme.

Dans une conférence faite aussi à l'École des hautes études sociales, sur *l'unité de principes dans l'enseignement public*, M. Alfred Croiset dit également :

« La morale n'est pas limitée à la classe de philosophie. Elle doit être répandue dans tout le cours des études; elle doit s'adresser à tous les âges, *sous des formes différentes*, bien entendu. D'une manière générale, en dehors de la philosophie, l'enseignement moral doit avoir surtout pour caractère d'être pratique, de susciter dans les âmes des enfants un idéal, des motifs d'agir, de bonnes habitudes de pensée et de volonté... Il ne s'agit pas, en dehors de la classe de philosophie, d'étudier historiquement les origines de cet idéal moral, ni d'en critiquer méthodiquement les principes. Il s'agit simplement de le dégager du fond de notre conscience, de le mettre en pleine lumière et d'en faire pour chacun de nous un motif d'activité. » (*L'Éducation de la démocratie*, p. 94, 95. — ALCAN, 1903.)

Caractère élémentaire et pratique de cette philosophie. — La philosophie dont il est question ici n'est pas évidemment une philosophie abstraite, discoureuse, batailleuse, toute en discussions plus ou moins vaines et hérissée de termes étranges ; c'est une philosophie simple, concrète, que tout esprit attentif peut aborder et comprendre, qui n'est que le bon sens éclairé et réfléchi, qui s'applique à tout, ouvre l'esprit à tout, donne aux idées des points d'attache, des points d'appui, des points de repère, et constitue dans son ensemble tout un cours d'éducation intellectuelle et morale.

Cette philosophie, si elle est bien présentée, répond à l'intelligence de l'enfant et n'est pas au-dessus d'elle. Que de choses on apprend à l'enfant, en mathématiques ou en sciences, qui sont bien plus abstraites et plus ardues ! Qu'y a-t-il pour lui de plus concret que ses sensations, ses sentiments, ses pensées, ses émotions, ses appétits, ses inclinations, ses penchants ? En l'amenant à se replier sur lui-même pour observer ces faits psychologiques qui le touchent de si près, qui sont ses modes d'être ou d'agir, on le met en présence de réalités qui l'intéressent sûrement plus que la loi de la chute des corps, par exemple, ou le rapport de la circonférence au diamètre.

Ceux qui ont essayé de donner des leçons de ce genre, en se mettant à la portée de leurs élèves, en tenant compte de l'âge et du développement intellectuel déjà acquis, ont trouvé l'esprit des enfants tout au moins aussi ouvert aux notions concrètes de philosophie qu'aux notions concrètes de sciences. Pour pouvoir comparer avec justesse les difficultés respectives de ces notions diverses, il faudrait accorder à l'enseignement des premières le même temps qu'aux secondes, et employer les moyens pratiques appropriés, et c'est ce qu'on ne fait pas. On verrait de plus le profit que tireraient de là toutes les autres études, inspirées et influencées qu'elles seraient par l'esprit philosophique.

Élémentaire ne veut pas dire superficiel. — Il s'agit, bien entendu, d'un enseignement *élémentaire*. Mais qui dit élémentaire ne dit pas *superficiel*, comme le croient bien des gens. Superficiel se prend généralement en mauvaise part ; il indique qu'on s'est tenu à la surface des choses, qu'on n'y a pas pénétré, qu'on n'en a pas l'intelligence. « La connaissance superficielle est bien moins un savoir peu étendu, qu'un savoir de mauvais aloi. On peut savoir peu, mais bien. On sait toujours mal ce qu'on ne sait que superficiellement, et il est vrai de dire que, pour certaines choses, il vaut mieux ne rien savoir que de savoir mal.

« Par *éléments*, au contraire, on entend les parties essentielles et constitutives d'une chose. Les éléments ! mais c'est la science même. Personne n'a jamais dit que la connaissance des éléments n'est pas une bonne chose : on peut ne connaître d'une chose que les éléments; savoir peu, mais bien. Toute science se réduit, en somme, à une certaine quantité de notions élémentaires, qu'on possède plus ou moins parfaitement, dont on saisit plus ou moins bien les conséquences, la portée, le parti qu'il est possible d'en tirer. Surtout dans l'ordre des sciences morales et politiques, il est vrai de dire qu'une connaissance élémentaire peut être d'une grande utilité pratique; tandis qu'une connaissance superficielle, c'est-à-dire quelques notions mal comprises, mal liées entre elles, ne saurait être que funeste...

« Un enseignement élémentaire est une initiation dans laquelle le maître, tout en faisant appel à la raison, néglige les formes savantes du raisonnement, éclaire les principes par des exemples plutôt qu'il ne les démontre; raconte plutôt qu'il ne discute; ayant foi, au surplus, dans la puissance de la vérité simplement exposée. »

(A. JOURDAN, *le Droit français*, Introduction.)

NOTE COMPLÉMENTAIRE

Ces idées étant exposées, il y a intérêt à se rendre compte de l'essai tenté à Lyon par l'abbé Rambaud, pour les faire pénétrer dans l'enseignement de l'école primaire. Cet essai, qu'on ne saurait prétendre imiter en tous ses points, à cause des dispositions spéciales qu'il exigerait, est cependant suggestif et mérite d'être connu.

Essai de l'abbé Rambaud, à Lyon. — Dans une conférence faite à Lyon (7 février 1896), M. E. Perrin, rendant compte de cette initiative de l'abbé Rambaud, s'exprime ainsi :

« L'enseignement primaire doit initier l'enfant à ce que la société qui va l'accueillir ne lui dira jamais : ce qu'il est, d'où il vient, où il va ; il doit lui apprendre un état qui est au-dessus de tous les états, de toutes les professions, de tous les métiers, le métier d'homme, et, partant, cette science de la philosophie qui, suivant l'expression de Montaigne, est la formatrice des jugements et des mœurs.

« La philosophie ! Voilà un mot bien transcendant ! Il éveille dans l'esprit les grands noms de Platon, de Descartes et de Kant. Il fait songer à des recherches ardues, à des travaux sans limites, à des systèmes nébuleux, de nature à jeter le trouble dans les intelligences les mieux équilibrées. On la considère, en général, comme une science aristocratique et prétentieuse, devant former le couronnement des études les plus élevées; et voici qu'on nous la présente comme une science populaire, qu'il faut enseigner aux enfants dès leur entrée à l'école. Quelle est donc cette philosophie, et que prétend-on sur ce point apprendre à un bambin de sept à quatorze ans? C'est bien simple; on veut lui donner la connaissance de lui-même, et, par là, l'élever jusqu'à la connaissance de Dieu.

« Un professeur éminent [1] qui souvent, et dans diverses solennités scolaires, a adressé la parole aux élèves de l'abbé Rambaud, leur expliquait un jour, en ces termes, le but et la portée de l'enseignement qu'ils reçoivent : « Lorsqu'un « conscrit est arrivé au régiment et qu'il a reçu le fusil avec lequel il doit « défendre son pays, on en démonte devant lui toutes les pièces, on lui en dit « le nom et les usages. Il est exercé à la manœuvre et il récite sa théorie. « Qu'en même temps il s'habitue à la fatigue et à l'obéissance, il aura fait son

---

[1] M. Mathey, professeur à l'École centrale de Lyon.

« éducation de soldat, et le pays comptera sur lui pour maintenir son honneur
« et défendre le sol de la patrie. »

« Dans l'apprentissage de tous les métiers, on suit une méthode semblable.
Un mécanicien aurait-il la prétention de conduire une locomotive sans en connaître toutes les parties et sans savoir au juste le rôle de chaque organe de la
machine ?

« N'est-ce pas de la même manière qu'il faudra enseigner à l'enfant son
métier d'homme, au moins autant que le permettent sa faiblesse et son inexpérience ? C'est par son âme qu'il est homme ; c'est donc son âme qu'il doit
apprendre à connaître.

« C'est son âme qu'il faut en quelque sorte démonter et remonter pièce à
pièce sous ses yeux. Qu'on l'amène, par ce travail, à découvrir qu'il y a en lui
quelque chose qui sent, qui pense et qui veut ; qu'on lui montre le rôle de
ses trois facultés ; qu'on lui fasse comprendre que l'intelligence doit dominer
la sensibilité, parce qu'elle lui est donnée pour discerner le vrai du faux, le
bien du mal, le juste de l'injuste ; qu'on lui explique enfin que la volonté est sa
plus belle prérogative, prérogative redoutable d'ailleurs, puisqu'elle le fait responsable de ses actes et peut devenir l'instrument de son malheur comme de
sa félicité ; mais qu'on lui dise en même temps que cette noble faculté peut se
former par l'effort et à l'aide d'un secours supérieur qui n'est jamais refusé à
l'homme de bonne volonté.

« Savoir ces choses, c'est savoir son métier d'homme ; c'est devenir capable
d'aller à la manœuvre, comme le soldat, et, comme le mécanicien, de lancer sa
locomotive et de régler sa marche.

« Mais comment, dira-t-on, apprendre tout cela à un enfant ? Il y a, dans une
semblable étude, tout un monde d'abstractions, d'idées et de sentiments dans
lesquels il paraît impossible que s'aventure et s'oriente une intelligence qui
vient à peine d'éclore. Grande erreur ! M. l'abbé Noirot disait de la philosophie qu'elle est la science des *pourquoi* ; or, n'est-ce pas ce mot de *pourquoi*
qui revient sans cesse à la bouche de l'enfant, et dès lors n'est-il pas permis
d'affirmer que la philosophie est précisément la science dont il est avide et que
l'école doit lui apprendre ? Qu'un maître intelligent et dévoué se donne la peine
de la lui expliquer, et il sera capable de comprendre tout le monde intérieur
qui s'agite en lui-même, bien mieux que la règle de trois, l'accord des parti-
cipes ou la guerre de Cent ans. » (*L'Université catholique*, 15 avril 1896.)

Méthode suivie par l'abbé Rambaud. — Voici comment M. l'abbé Rambaud,
dans l'*Avertissement* de la *Philosophie* qu'il a publiée, explique sa méthode
pour obtenir des jeunes enfants qu'ils s'intéressent à des études si abstraites et
qu'ils fassent sur ces matières des devoirs écrits :

« D'abord, pour les leçons, le maître doit employer ce qu'on appelle la
méthode socratique, c'est-à-dire qu'il doit, par une série de questions, amener
l'enfant à trouver lui-même ce qu'on veut lui apprendre, et c'est assez facile
en philosophie, puisque la philosophie n'est que l'étude de nous-mêmes [1]. Ainsi,
par exemple, si je veux faire à l'enfant une leçon sur le *sens intime :* au lieu
de lui expliquer par une espèce de discours ce que c'est que le sens intime, je
lui demanderai brusquement à quoi il pense. « Charles, à quoi penses-tu ?... »
L'enfant me regardera sans me répondre : il ne comprendra pas d'abord ce que
je veux. Alors j'insisterai, et je lui dirai : « Allons, voyons, tu penses bien à
« quelque chose ; car on pense toujours. Tu penses peut-être que tu aimerais
« mieux aller jouer que d'écouter la leçon ? » L'enfant sourira, avouera que c'est
vrai... Alors je l'amènerai peu à peu à reconnaître qu'il sait qu'il pense, qu'il
connaît ses pensées... et qu'il ne peut les connaître que parce qu'il a intérieurement une espèce de *sens intellectuel* qui lui sert à connaître ce qu'il pense [2],
comme le sens de la vue, par exemple, lui sert à distinguer les couleurs.

---

[1] « On a l'habitude dans les classes d'interroger les élèves sur la leçon faite (il s'agit de
la leçon de philosophie) ; pourquoi ne pas les interroger sur la leçon qu'on va faire ? On verrait par là comment ils pensent avant de leur avoir appris à penser. » (*Instructions publiées
par le ministre de l'Instruction publique*, 1800, p. 113.)

[2] L'auteur entend ici par *sens intime,* sens intellectuel, la *conscience psychologique*, c'est-

« Je procéderai de même pour la mémoire : « Charles, connais-tu le chemin
« pour retourner chez toi?... — Oui, répond l'enfant. — Et pourquoi le con-
« nais-tu? » Et peu à peu je l'amènerai à trouver lui-même qu'il possède une
faculté qui conserve ce qu'il apprend et qui le lui présente au moment où il
en a besoin; que cette faculté est la *mémoire,* et qu'elle peut être comparée à
un coffre-fort dans lequel un homme renferme son argent, en attendant qu'il
en ait besoin pour payer ce qu'il achète.

« Je procéderai de même pour les sentiments, pour les actes de l'intelligence
et de la volonté. Ainsi, par exemple, pour la volonté, je dirai à l'enfant : « Ton
« père te gronde-t-il quelquefois?... — Oh! oui, répondra-t-il... — Et pour-
« quoi? — Ah! parce que je lui désobéis. — Et pourquoi lui désobéis-tu?
« — Parce que je ne veux pas faire ce qu'il veut... — Tu ne veux pas? Qu'est-ce
« que cela : ne pas vouloir? Tu peux donc ne pas vouloir? et ne pas vouloir
« quand même ton père veut? Tu peux même t'entêter dans ta résistance à la
« volonté de ton père?... Quelquefois même, tu aimes mieux te laisser battre
« que de faire ce que ton père veut. » Et j'amènerai ainsi l'enfant à reconnaître
qu'il possède une volonté libre. L'enfant est ordinairement émerveillé de cette
découverte : il en conçoit une espèce de fierté; mais, dans la suite de l'étude
de cette faculté, on lui démontre fortement que, si la liberté fait la grandeur de
l'homme, elle peut aussi faire sa perte et qu'il faut, par conséquent, s'appliquer
dès la jeunesse à apprendre à cette faculté à obéir à la raison et aux bons mouvements du cœur; de là une suite de fort belles et fort intéressantes leçons.

« Pour réussir dans cette méthode, il faut s'appliquer à *profiter de ce que
l'enfant sait* pour l'amener à trouver ce qu'il ne sait pas, c'est-à-dire procéder
du *connu à l'inconnu :* ce qui est la méthode sûre dans tout enseignement. On
appelle cette méthode la méthode *socratique,* parce que Socrate l'employait
pour convaincre les jeunes gens d'Athènes des vérités qu'il voulait leur inculquer.

« Ainsi, par exemple, voulant amener son fils à supporter sa mère, laquelle
avait un caractère difficile, il se garde bien de provoquer sa résistance et de
s'exposer à une mauvaise réponse en le lui disant tout simplement; il cherche,
au contraire, à l'amener, par une série de questions, à reconnaître lui-même
qu'il doit être aimable pour sa mère : « Mon fils, lui dit-il, y a-t-il dans le
« monde des personnes que l'on doit aimer plus les unes que les autres? —
« Oh! certainement, mon père, répond le jeune homme. — Et quelles sont
« ces personnes? reprend Socrate. — Ah! bien, répond le jeune homme, ce
« sont celles qui nous font du bien. — Et quel est le bien le plus précieux pour
« nous? reprend Socrate. » Et il amène ainsi le jeune homme à reconnaître
ses torts envers sa mère, puisque c'est à elle qu'il doit le plus grand des biens,
qui est la vie [1]; car le jeune homme ne peut pas refuser de faire pour sa mère
ce que lui-même a déclaré devoir être fait pour tous ceux qui nous font du bien.

« Rien de plus fécond que cette méthode; elle charme l'enfant, parce qu'il
est tout fier de ses découvertes, qui, par cette raison, se gravent bien plus profondément dans son esprit.

« C'est grâce à cet exercice, mille fois répété, que les enfants acquièrent
l'habitude de penser, de se rendre compte de leurs pensées et enfin de les
exprimer.

« Il est encore à observer qu'il faut toujours appuyer sur des exemples les
notions abstraites de philosophie, et si l'on veut que les enfants comprennent
bien ces notions, *tout le secret consiste à prendre des exemples dans ce qu'ils
connaissent,* dans des choses empruntées à l'état de leur père, à la vie ordinaire,
aux événements de chaque jour. De plus, il faut s'efforcer de faire trouver les
exemples par les enfants eux-mêmes et exiger qu'ils en cherchent de nouveaux

---

à-dire la raison ou l'intelligence appliquée à la connaissance de soi-même, jointe à la conscience sensible. C'est une faculté mixte. L'animal a la conscience sensible : il sent qu'il
sent; il n'a pas la conscience psychologique : il ne sait pas qu'il sent, il n'a pas l'idée de la
sensation. L'idée est un fait intellectuel.

[1] L'auteur veut dire : le bien sans lequel tous les autres n'existeraient pas pour nous; mais
on ne peut affirmer absolument que la vie est le plus grand des biens : elle n'est qu'un bien
relatif; elle n'a de prix que par le devoir, par la vertu.

pour leurs devoirs : ce qui est presque le seul moyen de savoir s'ils ont compris.

« Observons de plus que, dans les commencements, et même pendant longtemps, il faut *être très indulgent pour les devoirs des enfants*. Exigeons seulement qu'ils les fassent, qu'ils occupent l'heure qui y est consacrée ; mais ne nous hâtons pas trop pour leur demander l'ordre et la logique dans les idées. Cela viendra avec le temps, et avec le temps seul. Nous savons assez par nous-mêmes combien il est difficile d'écrire sur des sujets abstraits. N'espérons donc pas des enfants plus qu'il ne faut et laissons-les, sans les décourager, faire de mauvaises rédactions, afin qu'un jour ils puissent en faire de bonnes. Agir autrement, ce serait agir aussi follement que la mère qui empêcherait son enfant de bégayer, en lui disant qu'il ne devra parler que lorsqu'il saura parler correctement. » (Abbé RAMBAUD, *la Philosophie*. Avertissement.)

« Voilà la méthode. Au lieu de faire un exposé didactique de faits ou d'idées, on conduit le petit écolier de découverte en découverte, en causant familièrement avec lui, en le plaçant en quelque sorte face à face avec son âme et en l'amenant, à l'aide d'idées et d'exemples empruntés à ses occupations enfantines, à se rendre compte de tout ce qui se passe en lui-même.

« On ne remarque pas assez la puissance de la conversation sur l'enfant ; on ne se rend pas assez compte de la force pénétrante de cet enseignement latent que l'esprit reçoit sans s'en apercevoir, comme le poumon respire l'air atmosphérique. Les enfants qui vivent au sein de leur famille jouissent de cet enseignement, et, par là même, ils suivent un cours de philosophie bien plus profitable encore que toutes les leçons de l'école.

« Quand une mère dit à son enfant, coupable de quelque faute ou de quelque maladresse : « Mais tu n'as donc pas de cœur, tu n'as pas honte de faire « cela ? » Ou bien : « Tu n'as donc pas réfléchi avant de faire telle ou telle « chose ? Si tu avais réfléchi, cet accident ne te serait pas arrivé, » que fait-elle, si ce n'est de la philosophie ? Par cette simple parole, en effet, elle apprend à son enfant à *remonter aux causes de ses actes*, à en prévoir les *conséquences*, même à *faire des inductions* et des *déductions*, grands mots qui, en résumé, ne signifient que des choses très usuelles et que nous faisons tous continuellement plus ou moins bien.

« Elle faisait encore, sans le savoir, une admirable philosophie, cette mère qui disait à ses enfants qu'il *fallait avoir le cœur dans la tête*, ce qui était dire que nous devons toujours laisser à la raison le temps de juger les mouvements de notre âme et de notre cœur, le temps de discerner s'il fallait les écouter ou les rejeter. » (La plupart de ces idées sont empruntées à l'abbé RAMBAUD lui-même : *La Philosophie*. Préface.)

Résultats de cet enseignement. — On peut indiquer en deux mots les résultats de cet enseignement de la philosophie. Les élèves qui le reçoivent *comprennent* et *savent se faire comprendre*, et par la parole et par la plume.

« Qu'apprennent donc ces enfants qui soit de nature à leur faciliter l'intelligence des choses ? Ils apprennent le sens des mots abstraits. Or, qu'on veuille bien en faire la remarque, dans les mots qui composent la langue, ceux qui désignent les choses ou les actes de la vie matérielle, les termes techniques de chaque état, art ou science, comme pour un menuisier : rabot, ciseau, mortaise, tenon ; pour un architecte : corniche, frise, architrave ; pour un chimiste : réaction, combinaison, précipité ; n'ont qu'une importance secondaire, soit parce qu'on apprend sans effort les plus usuels, soit surtout parce qu'on peut être fort intelligent, sans les connaître tous.

« Ai-je besoin de connaître le nom de toutes les pièces qui composent une serrure ou tous les termes techniques de la langue médicale ?

« Il en est tout autrement des mots qui expriment les idées abstraites, les facultés et leurs opérations, les sentiments, les choses intellectuelles et morales, comme : *substance, accident, convenance, apparence, qualité, relation, nécessaire, contingent, absolu, relatif, puissance, acte, principe, conséquence, cause, effet*, etc.

« On peut être un homme très intelligent, un grand penseur, un sage, un philosophe ou un politique, sans savoir les mots de la première catégorie, les mots désignant telle ou telle machine, tel ou tel meuble ; tandis que l'on est un homme absolument incapable de tout raisonnement, si on ne connaît pas le sens des mots de la seconde. Puisque ce sont ces mots qui servent de base ou d'expression à toutes les réflexions, à toutes les opérations de l'esprit, comment raisonner ou seulement causer avec un homme qui, dans les choses, ne sait pas distinguer la *substance* de l'*accident*, le *contingent* du *nécessaire ;* qui ne sait pas ce que sont un *principe,* une *cause,* une *conséquence,* un *effet ?* etc.

« A ces constatations très judicieuses, l'abbé Rambaud ajoute : « Si nous « ouvrons la *Métaphysique* d'Aristote, nous verrons que ce livre des livres « n'est pas autre chose que l'explication d'une bonne partie des mots que nous « allons étudier. » (Il s'agit des mots de la deuxième catégorie, que l'auteur explique dans les *Préliminaires* de sa *Philosophie.*)

« On peut également remarquer, dans sa *Morale* et dans sa *Politique,* avec quel soin il définit les mots qu'il emploie, et ce n'est peut-être pas l'un des moindres titres de gloire de ce grand génie, d'avoir compris et mis en lumière que *la rectitude des opérations intellectuelles dépend exclusivement de la véritable intelligence des mots.* »

Voir plus loin ce que nous disons de l'explication des mots (ch. III, § 4).

III. — MANIÈRE DE PRÉSENTER UNE MÊME QUESTION DE PHILOSOPHIE
. AUX DIFFÉRENTS COURS

Par les exemples cités dans la note complémentaire qui précède, on a pu voir la méthode à suivre pour rendre accessibles à tous les esprits les notions élémentaires de philosophie. Donnons-en quelques autres, en les appliquant d'abord aux petits enfants, puis aux élèves d'âge moyen. Pour les jeunes gens, les modèles ne manquent pas.

Analogies et différences entre l'homme et l'animal. — Supposons qu'il s'agisse de faire comprendre les *analogies* et les *différences* entre l'*homme* et l'*animal.* Voici comment la question pourrait être présentée aux plus jeunes enfants :

On demande, par exemple, à un petit enfant : « Avez-vous un petit chat à la maison ? — Oui, répondra-t-il. — Le petit chat a-t-il des yeux ? — Oui. — Il vous voit donc ? — Sans doute. — A-t-il des oreilles ? — Oui. — Vous entend-il ? — Certainement ; quand je lui dis : Minet ! Minet ! il vient tout de suite. Je lui donne quelquefois quelque chose de bon, et il me connaît, il m'aime. — Ce petit chat, qui a des yeux et qui vous voit, qui a des oreilles et qui vous entend, qui vous connaît et qui vous aime, il va à l'école ? — Oh ! non, il ne va pas à l'école. — Et pourquoi n'y va-t-il pas ? — Parce qu'il ne comprend pas. — Et pourquoi est-ce qu'il ne comprend pas ? — Parce qu'il n'a pas ce qu'il faut pour comprendre. — Oui, il n'a pas la raison. — Qu'est-ce donc que la raison ? — C'est ça qui fait comprendre. » (Réponse donnée par un petit enfant.) Inutile de dire à l'enfant que cette expression *ça qui fait comprendre* n'est pas le mot et qu'il faudrait dire : faculté ou puissance ; sa définition est bonne. « Est-ce que vous valez plus qu'un petit chat ? — Oh ! oui, plus que tous les petits chats et que tous les gros ; ils ne comprennent pas, et moi je comprends. — Est-ce que je pourrais causer avec ce petit chat, comme je cause avec vous? Comprendrait-il mes questions et me ferait-il des réponses? — Non. — Comment s'appelle cette feuille de papier que j'ai à la main, et que je lisais tout à l'heure? — Un journal. — Le chat voit-il, comme vous, ce journal? — Oui. — Mais sait-il que c'est un journal? — Non. — Peut-il le savoir? Peut-on le lui apprendre? — Non. — Et pourquoi? (Ici la réponse est plus difficile.) — Parce que savoir que c'est un journal, c'est avoir une idée, et que le petit chat n'en a pas. C'est par les idées que l'on comprend. Le petit chat n'a que des sensations et des images. Il voit un objet et il en garde l'image dans son imagination. — Dites-moi maintenant pourquoi on a des chats dans les maisons? — Parce qu'ils prennent les souris, qui font des dégâts en mangeant le fromage, le pain, les fruits. — Commande-t-on aux chats de prendre les souris? — Oh! non, ils le font sans qu'on le leur dise. — Est-ce qu'on leur apprend à le faire? — Non, ils le font sans apprendre, ils le font d'instinct. — L'animal a l'instinct pour se conduire, c'est-à-dire quelque chose, une force intérieure qui le pousse à faire ce qui lui est utile et à éviter ce qui lui est nuisible; l'homme a la raison, qui lui fait comprendre les choses, qui lui fait distinguer le vrai du faux, le bien du mal, etc... »

On peut continuer, en donnant soi-même des ouvertures à l'enfant, dans une langue très simple, en posant les questions de manière qu'elles renferment en substance et amorcent les réponses.

Même sujet, pour des enfants d'âge moyen. — Nous le donnons tel qu'il a été posé dans un examen : *L'animal est-il l'analogue de l'homme ou son semblable ?...*

Dans l'analogie, il y a des ressemblances, à côté de différences essentielles. Essentielles, c'est-à-dire qui tiennent à l'essence, à ce par quoi un être est ce qu'il est, et sans quoi il ne serait pas.

Y a-t-il des ressemblances entre l'homme et l'animal? Il y en a: l'animal partage avec l'homme la vie végétative, caractérisée par la nutrition, et la vie sensitive, caractérisée par la sensation. L'animal est doué des mêmes sens que l'homme, soit externes : la vue, l'ouïe, l'odorat, le goût et le toucher, soit internes: la conscience sensible, l'imagination, la mémoire et une sorte de jugement instinctif, qui a été appelé *l'estimative*. La connaissance sensible, c'est-à-dire la connaissance par les sens, leur est commune; les appétits ou tendances vers les biens sensibles, vers les biens connus par les sens, également. Voilà les ressemblances. Elles suffisent pour établir l'analogie.

Mais voici les différences essentielles, qui font que la nature de l'un n'est pas la nature de l'autre. Outre les deux vies végétative et sensitive, l'homme est doué d'une vie supérieure, la vie morale, caractérisée par la raison et la volonté libre. L'homme, par la raison, distingue le vrai du faux, le bien du mal, le beau du laid; il abstrait, il généralise, il a des idées ou des représentations intellectuelles des choses; il juge, il réfléchit, il raisonne, c'est-à-dire il induit et déduit une vérité d'une autre. Quand il agit, il sait pourquoi, il a des motifs; il se détermine librement.

Rien de semblable chez l'animal. Il y a entre l'homme et l'animal, non une différence de *degré*, mais une différence de *nature*. L'animal appartient à l'ordre physique, est soumis à des lois nécessitantes, qui le conduisent fatalement à sa fin, enfermée dans l'existence physique; l'homme appartient à l'ordre moral, est soumis à une loi obligatoire, qu'il a le droit et le devoir de suivre, pour atteindre la fin supérieure que réclame sa nature morale, son âme intelligente et libre, spirituelle et immortelle.

L'animal n'est donc que l'analogue de l'homme, il n'est pas son semblable.

Même question au cours supérieur. — Si la même question était posée aux candidats qui se présentent au baccalauréat de philosophie, ils n'auraient qu'à ajouter quelques développements au sujet ci-dessus, qui serait pour eux comme un canevas.

II. Autre exemple. — *Caractériser par des exemples les motifs d'action : passion, plaisir, intérêt, devoir. — Tracer quatre portraits : celui du passionné, celui de l'épicurien, celui de l'utilitaire, celui de l'homme consciencieux ou homme de devoir.*

— Pour expliquer ce sujet à un petit enfant, on pourra lui faire dire d'abord ce que c'est qu'un motif d'action, c'est-à-dire ce qui porte à agir, à faire une chose. Puis, par une série de questions suggestives, on l'amènera à distinguer ceux qui s'inspirent surtout ou presque uniquement de l'un de ces motifs d'action.

Un de vos camarades, Pierre, se fâche contre quelqu'un qui l'a trompé dans le jeu, et il menace de le battre, au lieu de s'expliquer et de faire avec bienveillance les reproches mérités; quel est le sentiment qui le pousse? C'est la colère, la vengeance; la colère et la vengeance sont des sentiments désordonnés, des passions: Pierre agit par passion; s'il fait habituellement ainsi, c'est un *passionné*. Il fait mal; car il faut dominer, maîtriser ses passions.

Au lieu de faire ses devoirs, Paul va s'amuser; il évite ce qui lui demande de l'effort, du travail : une leçon à étudier, un problème à faire; il recherche ce qui lui donne du plaisir : la distraction, le jeu. Il ne sait pas se bien tenir, être attentif à une explication, parce que ça coûte de se bien tenir, d'être attentif. Il préfère ce qui le fait jouir à ce qu'il doit faire, à ce que la conscience lui prescrit; il sacrifie le devoir au plaisir. Pierre est ce qu'on appelle un *épicurien*, c'est-à-dire qu'on peut le ranger parmi les disciples du philosophe Épicure, qui disait que le plaisir est le but de la vie, en quoi il avait tort; car le but de la vie, ce n'est pas le plaisir, mais le bien.

Mathieu a commis une faute et, craignant les suites fâcheuses qu'elle peut avoir pour lui, il la nie et laisse soupçonner un de ses camarades. Pourquoi a-t-il commis ce mensonge et cette injustice vis-à-vis de son camarade? Pour s'épargner une réprimande, une humiliation, une punition. Il a cherché son avantage, sans tenir compte des reproches de sa conscience, qui lui disait qu'il faisait là une vilaine action. Il a agi par intérêt. S'il agit souvent ainsi, c'est un *intéressé*, un *utilitaire*, qui met l'intérêt au-dessus de tout, qui sacrifie son devoir à ce qu'il croit lui être utile, sans s'inquiéter si son intérêt est légitime et ne nuit pas à d'autres.

Voici maintenant un enfant qui fait toujours ce qu'il faut, qui est toujours à son devoir : c'est Thomas. Il travaille quand il faut travailler, écoute quand le maître explique, s'amuse quand c'est le temps de la récréation; il n'est ni envieux, ni jaloux, ni colère avec ses camarades; il ne néglige pas le travail qui lui coûte, pour le jeu ou l'amusement qui lui plairait davantage; il est incapable de tromper au jeu pour se donner l'honneur de la victoire, de copier une composition ou des devoirs pour se procurer une meilleure place au détriment de ses camarades. Thomas est un enfant *consciencieux*, il agit par devoir: ce qui ne l'empêche pas de se passionner pour ce qu'il fait, car il y met tout son cœur; d'y trouver son plaisir et son intérêt; car on trouve toujours de la satisfaction et on assure son véritable intérêt en faisant ce qu'on doit.

Sujet traité pour des enfants d'âge moyen. — Ainsi que le comporte la question posée, au lieu de caractériser en eux-mêmes les quatre motifs d'action, ce qui serait peut-être un peu abstrait, nous allons montrer ce qu'ils sont et ce qu'ils produisent, en traçant, comme ci-dessus, les portraits de quatre personnes qui font de l'un de ces motifs l'idée directrice de leur vie.

Pierre suit son humeur: il est joyeux, il est triste, il est colère, il est calme, selon que le vent souffle. Il n'a d'autre règle que le caprice, l'inclination, l'imagination, la passion. Il se laisse entraîner par les forces aveugles auxquelles il a lâché la bride et dont il a abandonné la direction. Il ne semble pas s'inquiéter de la règle du devoir, et on ne peut pas même dire que c'est son plaisir ou son intérêt qu'il cherche; car souvent la violence de la passion les lui fait sacrifier à l'objet qu'elle poursuit. Pierre n'a qu'un mobile : la *passion*.

Paul est *épicurien* : il fuit la douleur et il cherche le plaisir. Qu'il mange, qu'il boive, qu'il travaille, qu'il se repose, qu'il aille, qu'il vienne, quoi qu'il fasse, il ne se propose qu'un but : éviter la douleur et se procurer le plaisir. S'il ne mange pas trop, c'est qu'il craint la douleur de l'indigestion. S'il travaille, c'est qu'on finit par s'ennuyer de ne rien faire. S'il ne fait pas de la peine aux autres, c'est qu'il n'a pas de plaisir à leur en faire ou que ça l'ennuie de les voir pleurer. Dans tous les rapports qu'il peut avoir avec ses semblables, il n'a d'autre souci que de jouir, de se procurer des satisfactions ou d'éviter des douleurs ou des tristesses. A-t-il des amis, c'est pour se distraire, pour s'amuser ou pour ne pas s'ennuyer. Cultive-t-il les arts, les sciences, les lettres, c'est dans le même but. Ce n'est pas le vrai, le bien, le beau, qu'il poursuit; il n'a pas l'air de se douter qu'il a une mission à remplir, qu'il a des devoirs. Son idéal, c'est une vie où il y ait le moins de *douleur* et le plus de *plaisir* possible.

Mathieu calcule toujours et ne recherche que son *intérêt*. Le bien, pour lui, c'est ce qui lui est utile; le mal, ce qui ne lui rapporte rien matériellement. Il ne se dit pas: Je vais faire ceci, parce que c'est bien; éviter cela, parce que c'est mal; mais: Je dois faire ceci, parce qu'il y va de mon intérêt, et je ne dois pas faire cela, parce que je n'en retirerais aucun profit. S'il ne vole pas, c'est qu'il y a des gendarmes, et qu'en définitive, à voler il perdrait plus qu'il ne gagnerait. S'il ne fait pas tort aux autres, ce n'est pas pour observer la justice, c'est afin qu'on ne lui fasse pas tort à lui-même : il épargne pour être épargné. S'il rend des services, c'est pour en recevoir. S'il est reconnaissant, s'il est prudent, s'il est tempérant, s'il est probe, c'est qu'il y a avantage pour lui à l'être, et non pas parce que la conscience le lui prescrit. Le travail, l'instruction, l'éducation, le progrès, ne sont pas pour lui des devoirs, mais des moyens de s'enrichir, d'être considéré, de faire son chemin dans le monde. Mathieu pratique la morale de l'*intérêt*, c'est un homme intéressé, qui n'a pas pour motif d'action l'honnête, mais l'*utile*.

Thomas est *consciencieux*. Ce n'est pas sa passion, ni son plaisir, ni son intérêt qu'il consulte, mais son *devoir*. Il ne se dit pas: Je vais faire cela, parce que je suis *entraîné* à le faire, parce que j'y trouve du *plaisir*, parce qu'il y va de mon *intérêt*, mais parce que je *dois* le faire. Ce n'est pas par calcul qu'il est prudent, tempérant, juste, mais parce que Dieu et sa conscience lui commandent de l'être, parce qu'il doit l'être, et que, s'il ne l'était pas, il blesserait sa conscience, il offenserait Dieu, il se dégraderait.

Pierre, Paul et Mathieu n'agissent pas moralement. Ils n'ont dans leurs actes que des mobiles ou des motifs égoïstes. Thomas seul a une conduite morale; seul il ne déchoit pas, seul il est digne de sa conscience et de sa liberté, seul il agit en homme.

Même sujet pour des élèves de Philosophie. — A un examen de philosophie, la même question pourrait être posée, mais probablement d'une façon moins concrète; par exemple : « *Définir et caractériser les quatre motifs d'action : passion, plaisir, intérêt, devoir.* »

Pour traiter ce sujet, il faudrait définir chacun de ces termes, mettre en évidence ce qu'il y a de particulier, de changeant, de relatif, d'égoïste, de non obligatoire, dans les trois premiers motifs, et d'universel, d'immuable, d'absolu, de désintéressé, d'impératif ou d'obligatoire dans le dernier; montrer que ces motifs, tout en étant distincts, ne s'excluent pas nécessairement, qu'ils peuvent et doivent même s'harmoniser, qu'il est plus parfait de se porter au bien avec toute sa nature, c'est-à-dire par tous ces motifs réunis, pourvu que les trois premiers soient subordonnés au devoir, soient réglés ou moralisés par le motif du devoir.

III. Autres exemples pour les jeunes enfants. — Imagination et intelligence. — Si on veut faire distinguer par un enfant l'*imagination* de l'*intelligence*, l'image de l'idée, et qu'on ait un livre à la main, on dira à l'enfant : Vous voyez ce livre? Oui. Si vous fermez les yeux, ne le voyez-vous pas encore intérieurement? Où le voyez-vous? Dans votre imagination. L'imagination garde la copie de la sensation que vous avez eue par les yeux, c'est l'image. L'animal voit-il ce livre comme vous? Oui. En garde-t-il l'image? Oui. Qu'est-ce qui le prouve? C'est que, si on le frappe avec, il fuit ensuite, quand on le lui présente. Mais l'animal sait-il que c'est un livre? Non. Sait-il ce que c'est qu'un livre? Non. Savoir que c'est un livre et savoir ce que c'est qu'un livre, ce sont des idées, et les idées, c'est ce que voit l'esprit; elles sont non la représentation sensible des choses, commune à l'homme et à l'animal, mais la représentation intellectuelle, propre à l'homme. C'est par les idées que l'on comprend ; l'animal n'a pas d'idées, voilà pourquoi il ne comprend pas.

Qu'on ne croie pas que cette distinction, qui se complète et se précise à mesure que l'enfant s'instruit, soit de peu d'importance. Que de gens confondent les images avec les idées, voient plutôt les images que les idées dans les livres qu'ils lisent, et donnent des images croyant donner des idées, quand ils parlent ou écrivent !

Sensation, sentiment. — Supposons encore qu'on veuille distinguer la *sensation* du *sentiment;* on dira à l'enfant : Vous tombez, et vous vous faites mal au genou; vous éprouvez une sensation pénible, une douleur physique. Vous mangez une pêche, et vous la trouvez bonne ; vous éprouvez une sensation agréable, un plaisir physique. Quelqu'un a vu qu'en tombant vous vous êtes fait du mal au genou et que vous marchez en boitant; il a pitié de vous : c'est un sentiment, un sentiment bienveillant qu'il éprouve. Vous recevez une bonne nouvelle, vous en êtes tout joyeux : cette joie est un sentiment. Un camarade vous donne un soufflet : le mal (douleur physique) que vous éprouvez est une sensation ; la honte (douleur morale) que vous en avez est un sentiment, et vous ne confondez pas l'un avec l'autre.
La remarque faite ci-dessus sur l'importance de la distinction entre l'*image* et l'*idée* s'applique à la distinction entre la *sensation* et le *sentiment.* Le sentiment appartient à la vie morale, la sensation à la vie animale. S'élever de la vie animale à la vie morale, c'est passer des sensations aux sentiments. Le gourmand recherche des sensations, des émotions sensibles: il vit pour manger ; l'homme sobre joint le sentiment du devoir au plaisir sensible que procure la nourriture: il mange pour vivre, pour travailler.

Nota. — Pour ces deux derniers exemples, nous ne donnons que la forme sous laquelle on peut les présenter aux jeunes enfants ; les autres formes sont faciles à trouver.

Petites compositions de Philosophie. — Le vrai moyen d'obtenir des élèves qu'ils s'assimilent les notions fondamentales de la philosophie nécessaires à tout travail de la pensée, c'est de les amener à s'en servir et à les développer dans de nombreuses compositions. Que de problèmes on fait faire pour s'assurer que les théories de l'arithmétique, de la géométrie, de la physique, de la chimie, sont bien comprises! C'est de la même façon qu'il convient de procéder en philosophie. Il faut donc multiplier les compositions, une par jour, si on le peut, mais en accordant peu de temps pour les faire, et en choisissant bien les textes, *qui ne doivent pas dépasser l'expérience des élèves et leurs connaissances acquises.* Cette façon de faire donne à l'esprit de l'initiative, de l'activité, de la promptitude; elle force à aller droit au but, à vite trouver les bonnes raisons des choses.

Il faut que ces compositions soient appréciées et critiquées rapidement, mais judicieusement, avec une grande indulgence d'abord, puis avec plus de soin et de sévérité, à mesure que les élèves avanceront.

Le maître ne se payera pas de mots et de phrases; il louera tout ce qui est simple, clair, sobre, fort, sensé; il sera impitoyable contre le fracas des mots, les ornements affectés, les images multipliées, forcées, disparates; le mélange des termes pompeux et des locutions triviales, le factice, l'artificiel, le convenu, le *cliché*; il se gardera de donner comme modèles des morceaux de prose philosophique où se rencontreraient ces défauts.

Séries de compositions. — Un excellent moyen d'*entraîner* les élèves dans le travail de la composition, c'est de diviser les sujets par séries de dix, quinze ou vingt; chaque série forme ce qu'on peut appeler une *campagne*. C'est comme une série de vingt combats qu'il faut livrer. La campagne finie, on en additionne les résultats, et on les proclame, avec quelques éloges pour les premiers, et quelques encouragements pour les derniers, à qui l'on dit que ce n'est pas le succès qui importe, mais l'effort; que c'est en se trompant qu'on apprend; en forgeant qu'on devient forgeron; en composant beaucoup que l'on arrive à composer bien; qu'il faut avoir remué beaucoup d'idées, traité beaucoup de questions pour pouvoir penser et écrire avec exactitude et précision, faire les distinctions nécessaires, marquer les nuances, ne pas confondre un sujet avec un autre; éviter ce qui s'écarte, ce qui va à côté ou en dehors, ce qui est banal; choisir ce qui convient, ce qui est direct et approprié, ce qui est simple, exquis, trouvé, soit pour le sens, soit pour le ton et l'allure, dans l'ensemble et les diverses parties, où tout doit être fondu, lié, proportionné, gradué, de manière à satisfaire complètement la raison et le goût.

Il faut donner très peu de temps pour chaque sujet : vingt minutes ou une demi-heure; puis jeter un coup d'œil rapide sur les copies. Au début, elles seront très mauvaises; mais on se gardera de décourager les élèves : on dira donc simplement qu'elles ne sont pas bonnes, et l'on se bornera à relever les principales incorrections : les tours gauches, les répétitions de mots et d'idées, les imprécisions, les erreurs, les inexactitudes, les lacunes et insuffisances diverses. S'il y a quelques idées justes ou à peu près justes, les noter et les faire ressortir en les complétant, en leur donnant la forme et le tour qu'il faut. Féliciter ceux qui ont su les trouver et les exprimer presque convenablement.

Sujet type. Lecture publique. — Après avoir rendu les copies et fait, en les rendant, une critique sommaire, lire un *sujet type*, une première fois avec des observations telles qu'elles initient les élèves à l'art de penser et d'écrire, et mettent en évidence, par contraste et allusion, les défauts signalés dans les copies; puis, une seconde fois, sans observations, mais lentement, de sorte que les élèves puissent bien saisir la justesse et l'enchaînement des idées, et garder de la composition entière une impression vive et nette. Dès qu'il y aura quelques copies à peu près bonnes, ce qui arrivera très probablement dès le milieu de la première *campagne*, on leur accordera l'honneur de la lecture publique. Chacun ambitionnera bientôt d'avoir au moins une fois cet honneur et fera des efforts dans ce but.

Les *Instructions* de 1890 font, au sujet de la correction orale des copies, une observation très judicieuse : « Évidemment, ce seront les copies des meilleurs élèves qui seront les plus suggestives et les plus intéressantes pour tous. Ce n'est pas une raison pour négliger les autres, et il est souvent possible de transformer une copie faible en copie passable, en montrant à l'élève comment, dans son propre plan et avec ses propres idées, si faibles qu'elles soient, il serait possible de faire quelque chose de meilleur. Rien n'encourage mieux un esprit médiocre et qui voudrait travailler que de lui persuader que son travail n'est pas nul, même lorsqu'il ne s'en faut pas de beaucoup. »

Inspirer confiance est le grand art pour former à penser, comme pour apprendre à bien faire. N'oublions pas le mot si juste de Pascal : « L'homme est ainsi fait, qu'à force de lui dire qu'il est un sot, il le croit; qu'à force de se le dire à soi-même, on se le fait croire. »

Plus que tout autre, le travail de la pensée demande de la spontanéité. Il faut donc procéder par encouragement, par entraînement; montrer toujours, dans les corrections et les remarques, une grande bienveillance; éviter les critiques amères, ironiques, railleuses, les mots qui peuvent choquer; trouver les mots qui font plaisir, qui inspirent confiance, qui font naître le désir de réussir, qui donnent de l'élan. L'élève dont l'esprit, pendant qu'il compose, est hanté par la pensée que son travail pourra être tourné en ridicule par le maître, se sent paralysé.

Est-ce à dire qu'il faille leurrer les élèves, qu'on ne doive pas appeler les choses par leur nom, et que toute critique nette et vigoureuse soit interdite? Évidemment non. On peut être très net et très vigoureux dans la critique, sans être blessant; être sans pitié pour le banal, le faux, le prétentieux et le mauvais goût, tout en se montrant, par le ton et le tour, bienveillant pour les personnes.

Il n'y a de critique féconde que la critique bienveillante.

MOYEN DE METTRE LES SUJETS SÉRIEUX A LA PORTÉE DES JEUNES ENFANTS OU DES ENFANTS D'AGE MOYEN

Quantité de sujets touchant à des questions de philosophie pratique peuvent être donnés aux jeunes enfants, si le maître les y prépare par des causeries qui leur ouvrent l'esprit sur les idées à développer; s'il sait formuler des questions appropriées et suggestives, où il insinue les réponses à faire, réponses que les élèves n'auront qu'à mettre les unes à la suite des autres pour avoir une composition où tout se suit et s'enchaine.

Donnons des exemples.

I. — Commenter cette maxime de La Bruyère : « *On ne doit ni se montrer, ni se cacher, mais se laisser voir,* » qui revient à celle-ci des anciens : « *L'honnête homme habite une maison de verre.* »

QUESTIONS. — Faut-il chercher à se faire voir, quand on agit? Faut-il chercher à se cacher? Par quel motif cherche-t-on à se faire voir? Par quel motif se cache-t-on? Comment faut-il agir, et pourquoi? L'honnête homme cherche-t-il à se faire voir ou à se cacher? Pourquoi les anciens disaient-ils qu'il habite une maison de verre? N'est-ce pas pour se laisser voir, sans se cacher par lâcheté, ni se montrer par orgueil?

II. — *De l'éducation personnelle de l'homme par lui-même.*

QUESTIONS. — Les parents et les maîtres peuvent-ils faire l'éducation des enfants sans eux et malgré eux? Ne faut-il pas que les enfants travaillent eux-mêmes à leur éducation? Pourquoi le faut-il? Quelle est la part des parents et des maîtres, et quelle est celle des enfants? Un conseil donné, une réprimande faite, une leçon expliquée, à quelle condition sont-ils efficaces? Y a-t-il des enfants qui ne puissent pas venir à bout de leurs défauts, de leurs mauvais penchants? Par quel moyen parvient-on à se réformer et à se former?

III. — Commenter cette parole de Sénèque : *Il faut régler sa vie et l'accomplir de manière que chaque jour tienne lieu de toute la vie.*

QUESTIONS. — Il y a des gens qui s'occupent beaucoup de l'avenir et très peu du présent; ont-ils raison de faire ainsi? L'avenir ne sera-t-il pas ce que le présent l'aura préparé à être, et le moyen de le rendre bon n'est-il pas de rendre bon le présent? N'y a-t-il pas relation de cause à effet entre le présent et l'avenir? Celui qui accomplit ses devoirs de tous les jours a-t-il a craindre l'avenir? Comment voulons-nous que soit notre vie? Qu'elle soit bonne et bien remplie? Par conséquent, que chacun des jours qui la composent soit lui-même bon et bien rempli. Que voudrait-on avoir fait, si l'on n'avait qu'un jour à vivre?

IV. — Commenter ce vers :

« *Enfant, tu t'es vaincu, tu seras homme un jour.* »

QUESTIONS. — Comment faut-il entendre ce vers? Que veut dire se vaincre? En quoi et pourquoi faut-il se vaincre? Qu'est-ce que être homme? Quel rapport y a-t-il entre ces deux idées : se vaincre et être homme? Comment devient-on un homme? Qu'est-ce qui peut empêcher de le devenir? Pourquoi peut-on dire que l'enfant qui s'est vaincu sera homme un jour? Suffit-il à un enfant de se vaincre une fois pour être homme un jour?

V. — Commenter ce vers de Boileau :

« *Soyez-vous à vous-même un sévère critique.* »

Donner des exemples.

QUESTIONS. — Que veut dire être un critique à soi-même? Et un critique *sévère?* D'ordinaire est-on bien enclin à se critiquer soi-même, et surtout sévèrement? N'est-on pas plutôt disposé à se flatter, à s'excuser, à s'attribuer des qualités qu'on n'a pas et à méconnaître les défauts que l'on a? Si l'on veut faire son éducation, c'est-à-dire s'instruire et devenir bon, faut-il excuser ses fautes et flatter ses défauts? Comment faut-il se traiter soi-même? Pourquoi certains élèves ne font-ils pas de progrès dans leurs études, et ne se corrigent-ils pas de leurs défauts?

VI. — *L'homme est un être social.* — Tirer les conclusions.

QUESTIONS. — Que veut dire social? L'homme pourrait-il, sans le secours de ses semblables, suffire à ses besoins : se nourrir, se vêtir, s'instruire? Les hommes peuvent-ils, pour exister, se borner à ne pas se vouloir et à ne pas se faire du mal? Ne doivent-ils pas aussi se dévouer les uns pour les autres? Ne pas faire du mal à ses semblables et empêcher qu'on ne leur en fasse, c'est être juste; suffit-il d'être juste? Ne faut-il pas aussi être charitable? Que dit l'Evangile à ce sujet? Que fait l'enfant juste? Et l'enfant charitable?

VII. — Commenter cette parole du colonel Pâqueron à son fils, élève de l'Ecole polytechnique : « *Quand on a l'honneur d'être chrétien, il ne s'agit pas de se faire tolérer ou pardonner, mais bien de se faire respecter.* »

QUESTIONS. — Est-ce un grand honneur d'être chrétien? Pourquoi? Est-il raisonnable de craindre ou d'avoir honte d'être chrétien? Qu'est-ce qu'on pardonne? Qu'est-ce que l'on tolère? Est-ce le bien? Est-ce le devoir? Est-ce l'honneur? Que pensez-vous de ceux qui n'osent pas être bons, qui ont l'air de se faire pardonner de faire le bien, de remplir leur devoir, ou qui se contentent d'être tolérés, comme s'ils faisaient quelque chose de répréhensible? Que veut dire : se faire respecter? Qu'est-ce qui mérite le respect? Pourquoi faut-il se faire respecter? Quelqu'un a-t-il le droit de nous porter au mal, de nous empêcher de remplir notre devoir?

VIII. — Expliquer ce précepte d'un philosophe : « *Connais-toi toi-même.* »

QUESTIONS. — Se connaître soi-même, n'est-ce pas distinguer sa raison, sa conscience, sa volonté, de ses sens, de son imagination, de son humeur, de ses appétits, de ses caprices? N'est-ce pas connaître ses facultés et ses ressources, ses qualités et ses défauts, ses bonnes et ses mauvaises tendances, ce que l'on est, ce que l'on sait, ce que l'on peut, ce que l'on doit? d'où l'on vient, où l'on va, ce que l'on a à espérer ou à craindre? N'est-ce pas savoir le motif qui nous fait agir, le but vers lequel on tend? Pourquoi faut-il se connaître? N'est-ce pas pour se rendre meilleur?

IX. — Commenter ce proverbe : « *On récolte ce que l'on sème.* »

QUESTIONS. — Ce proverbe est-il vrai? Si l'on veut récolter du froment, faut-il semer de l'avoine? (sens propre). Notre âme n'est-elle pas comme une terre, où la moisson est aussi de même nature que la semence que l'on y répand? (sens figuré). A quel âge surtout répand-on la semence dans l'âme? Ne sème-t-on pas et ne récolte-t-on pas à tout âge? Les actes ne sont-ils pas la semence des habitudes? Qui sont ceux qui récoltent des vertus? Qui sont ceux qui récoltent des vices? Qui sont ceux qui récoltent la honte et le malheur? Qui sont ceux qui récoltent l'estime et le bonheur? Si l'on veut s'instruire, que faut-il faire? Et si l'on veut être heureux?

X. — Commenter ce proverbe : « *Qui veut la fin veut les moyens.* »

QUESTIONS. — Pourquoi le proverbe dit-il que vouloir la fin, c'est vouloir les moyens? Peut-on vraiment vouloir l'une sans vouloir les autres? N'y a-t-il pas néanmoins beaucoup de personnes qui veulent la fin sans vouloir les moyens? Sont-elles raisonnables? Vous voulez avoir une note de satisfaction, à la fin de la semaine, du succès dans vos compositions, des récompenses à la fin de l'année? Quels moyens devez-vous vouloir? Vous voulez faire plaisir à vos parents et à vos maîtres, jouir de l'estime de vos camarades, avoir le bon témoignage de votre conscience, vous corriger de vos défauts, éviter le mal et faire le bien, pratiquer la vertu, quels moyens devez-vous vouloir?

XI. — Commenter cette parole : « *Un homme sans but est par cela même sans énergie.* »

QUESTIONS. — Qu'est-ce qu'un homme sans but? N'est-ce pas un homme irréfléchi, qui ne sait pas ce qu'il veut, ce qu'il fait, où il va, où il doit aller, pourquoi il agit, qui s'abandonne, qui se laisse aller, qui ne fait pas usage de sa raison et de sa volonté? Ce qui réunit les forces d'un homme, ce qui les concentre et les rend utiles et efficaces, ce qui les excite, les multiplie par l'exercice, n'est-ce pas le but qu'il poursuit? Et si l'on n'a point de but, qu'arrive-t-il? Pourquoi aurait-on de l'énergie? Qu'est-ce qui inspire et soutient le père et la mère dans leur dévouement à leurs enfants, le laboureur dans les rudes travaux des champs, le savant dans ses recherches? Le jeune homme qui a un examen à subir, une situation à se créer, ne sent-il pas son énergie stimulée par la pensée toujours présente du but qu'il veut atteindre? Quel est le but de la vie? Tout but ne doit-il pas rentrer dans celui-là?

XII. — *La nonchalance, ses causes, ses remèdes ou moyens de la combattre.*

QUESTIONS. — Le mot nonchalance vient du vieux verbe *chaloir* qui veut dire : avoir souci, se mettre en peine, s'inquiéter, avoir soin. « De rien ne me chaut, » c'est-à-dire rien ne m'inquiète, ne me met en peine.
Qu'est-ce qu'avoir souci d'une chose? Qu'est-ce que l'insouciance, la nonchalance? Portrait de l'élève insouciant, nonchalant. Quelles sont les causes de la nonchalance? Ne vient-elle pas de ce qu'on ne comprend pas la vie, de ce qu'on n'a pas de but, de ce qu'on ne sait pas à quoi l'on est tenu, quelle responsabilité on a ; de ce qu'on n'écoute pas la raison, la conscience, mais l'imagination, les sens, les passions, les instincts aveugles; de ce qu'on n'a pas le sentiment du devoir, de la dignité, de la règle? Comment combattre la nonchalance? Ne faut-il pas d'abord s'attaquer aux causes, se proposer, par exemple, un but noble, généreux, capable d'inspirer l'amour de l'effort, du sacrifice? éveiller dans son âme le sentiment du devoir, celui de l'honneur, l'amour du vrai, du bien, du beau?

XIII. — Expliquer cette parole de saint Augustin : « *Le vrai bien, c'est celui qui nous rend meilleurs.* »

QUESTIONS. — Rendre meilleur ne signifie-t-il pas rendre vertueux, plus parfait, plus semblable à Dieu? La parole de saint Augustin ne signifie-t-elle pas que les biens relatifs, tels que la science, la santé, la vie présente, ne sont pas des biens pour ceux qui les emploient mal, qui les emploient à faire le mal? La maladie ne peut-elle pas devenir un bien? A quelle condition la fortune est-elle un bien? et la science? et la santé? et la vie? Les méchants, les hommes qui abusent de ces choses au lieu d'en user, ne changent-ils pas les biens relatifs en véritables maux, par le mauvais usage qu'ils en font? Que veut dire cette parole : Tout tourne au bien de celui qui aime Dieu? La parole de saint Augustin ne nous fournit-elle pas une excellente règle d'appréciation des biens relatifs?

XIV. — Qu'y a-t-il à dire en faveur du principe : « *Charité bien ordonnée commence par soi-même?* »

QUESTIONS. — Cela ne signifie-t-il pas qu'il faut commencer par être bon pour soi-même, par se vouloir et se faire du bien à soi-même? Comment est-on bon pour soi-même? Quand est-ce qu'on entend son propre bien? Quand est-ce qu'on se veut et qu'on se fait du bien? Le paresseux, l'égoïste, le sensuel, les hommes qui ne suivent pas leur raison, qui n'obéissent pas à leur conscience, sont-ils bons, charitables pour eux-mêmes? Entendent-ils leur véritable bien? Se veulent-ils et se font-ils du bien? Ne sont-ils pas, au contraire, ennemis d'eux-mêmes? Ne se font-ils pas du mal? Dans quels sens peut-on dire qu'on doit être ennemi de soi-même? Est-ce qu'on n'applique pas souvent mal la maxime donnée? Comment l'appliquent l'égoïste, le sensuel? L'Évangile ne justifie-t-il pas cette maxime, bien entendue, en nous donnant pour règle et pour mesure de l'amour du prochain l'amour que nous devons avoir pour nous-mêmes?

XV.—Quelle est la valeur de cette parole: *« Je ne fais de mal qu'à moi-même. »* Est-elle une justification ou même une excuse du mal moral?

QUESTIONS. — Quand on fait le mal, peut-on se justifier ou même s'excuser en disant qu'on ne fait du mal qu'à soi-même? D'abord, l'homme a-t-il le droit de se faire du mal? Ensuite, l'homme étant un être social, étant membre d'un corps dont les parties sont solidaires, est-il vrai qu'il puisse ne faire du mal qu'à lui-même? L'humanité ne jouit ou ne souffre-t-elle pas du bien ou du mal que l'individu se fait à lui-même? Toute bonne ou toute mauvaise action n'a-t-elle pas des conséquences non seulement individuelles mais sociales? Est-ce que l'amélioration ou la dégradation d'un individu ne tourne pas au profit ou au préjudice de tous? Montrer comment un paresseux, un alcoolique ne nuit pas seulement à lui-même. Qu'est-ce qu'un homme doit être à lui-même et à ses semblables. Peut-il se désintéresser du sort de ses semblables, et dire par exemple: Pourvu que je fasse le bien, que je sois heureux, que m'importent les autres? En un mot, peut-il être indifférent à leur égard? Peut-il ne pas tenir compte de la solidarité qui le lie à eux? Que penser de l'envie qui souffre du bien ou du bonheur d'autrui? Pourquoi est-elle particulièrement odieuse?

XVI. — Commenter ce vers :

> *« Et l'homme n'apprend rien, s'il n'apprend à vouloir. »*

QUESTIONS. — Tout ce que l'homme apprend sans apprendre à vouloir, n'est-il pas illusoire et vain? De quoi sert-il de connaître la vérité, si on ne la pratique pas? les règles, si on ne les suit pas? les moyens, si on ne les applique pas à la poursuite de la fin? Apprendre à vouloir n'est-ce pas apprendre à obéir à la raison, à la conscience, à faire le bien, à remplir son devoir, à conformer sa volonté à celle de Dieu? Le paresseux sait-il vouloir? Et l'enfant dissipé? Et l'enfant indiscipliné? Et le désobéissant? Et l'entêté? Comment apprend-on à vouloir? Quel est l'homme qui sait vouloir?

XVII.—Commenter cette parole de Bossuet: *« Le vrai homme est celui qui peut rendre bonne raison de sa conduite. »*

QUESTIONS. — Le vrai homme, n'est-ce pas celui qui suit son principe naturel d'activité, la raison? Qui agit raisonnablement, moralement, par devoir, non uniquement par passion, par plaisir, par intérêt? Et celui qui agit ainsi peut-il rendre bonne raison de sa conduite, c'est-à-dire en donner les motifs, la justifier? Quels sont ceux qui ne peuvent pas rendre bonne raison de leur conduite? Le paresseux, l'égoïste, le sensuel, le dissipé, l'inconstant, l'homme violent, colère, le présomptueux peuvent-ils rendre bonne raison de leur conduite? Pourquoi ne le peuvent-ils pas?

XVIII. — Montrer la vérité de cette parole de La Bruyère : *« La mollesse ou l'indulgence pour soi et la dureté pour les autres, n'est qu'un seul et même vice. »*

QUESTIONS. — Est-ce vrai? Un homme mou ou indulgent pour soi, c'est-à-dire un homme sensuel, égoïste, qui ne vit que pour lui, qui recherche ses aises, son bien-être, sa propre satisfaction en tout et avant tout, peut-il ne pas être dur pour autrui? Tient-il compte des autres? Les respecte-t-il? Ne veut-il pas qu'ils servent son égoïsme, ses fantaisies, ses caprices, ses passions? Moins il exige de lui-même, plus il exige des autres; n'agissant pas raisonnablement, il n'a pas de règle, pas de mesure, pas de modération. Portrait de l'enfant gâté. Montrer que c'est un petit tyran qui opprime tout le monde, d'autant plus exigeant pour les autres, qu'il est plus indulgent pour lui.

XIX. — Commenter cette parole de Fénelon : « *Quiconque est capable de mentir est indigne d'être compté au nombre des hommes.* »

QUESTIONS. — Mentir, n'est-ce pas parler et agir dans l'intention de tromper, de faire prendre le vrai pour le faux et le faux pour le vrai? Donner le sens précis des mots suivants : menteur, calomniateur, dissimulé, hypocrite, fourbe. Pourquoi l'homme capable de mentir est-il indigne d'être compté parmi les hommes? Est-on un homme sans la vérité? La vérité n'est-elle pas le premier bien de l'homme, son premier droit, et la trahir, n'est-ce pas violer le premier des devoirs, celui sans lequel les autres devoirs ne sauraient se comprendre? L'homme capable de mentir ne saurait donc comprendre aucun devoir, aucun droit. Le devoir et le droit sont la vérité. La pratique du bien en suppose la connaissance; et le bien, la vertu, n'est pas autre chose que la vérité dans l'ordre de la volonté, la vérité morale mise en acte? Quels sont les effets du mensonge, dans celui qui le commet et dans la société? On se rappellera cette parole de l'Evangile : « Contentez-vous de dire : Oui, oui, non, non; tout ce qui est de plus vient du mal; » et celle-ci de La Bruyère : « L'honnête homme qui dit oui ou non mérite d'être cru: son caractère jure pour lui. »

XX. — Commenter cette parole : « *Celui-là seul est bien gardé, qui se garde lui-même.* »

QUESTIONS. — Que veut dire être gardé? Contre qui et contre quoi faut-il être gardé, préservé, défendu? Qui doit être gardien de l'enfant, de l'homme? Pourquoi l'enfant a-t-il plus particulièrement besoin d'être gardé, surveillé? Que signifie se garder soi-même? Cela ne veut-il pas dire qu'il faut que notre conscience nous défende elle-même? Qu'il faut se préserver soi-même? Celui qui ne se préserve pas lui-même, quelqu'un peut-il le préserver? Peut-on sauver celui qui veut se perdre? Les forces qui sont hors de nous peuvent-elles nous maintenir dans le bien, si nous ne le voulons pas, si nous n'avons pas la crainte de Dieu, l'horreur du mal, la volonté d'user de toutes nos forces pour rester bons? Se rappeler ce mot de Joubert : « Il faut que les enfants aient un gouverneur en eux-mêmes : il y est mieux placé et plus assidu qu'à leur côté. »

Définitions de mots données en sujets de composition. — Ces sujets sont très propres à apprendre aux élèves à dégager leurs idées, à se rendre compte de ce qu'ils savent et de ce qu'ils ne savent pas. Mais ils supposent déjà une certaine formation.

Donnons-en quelques exemples.

I. — *Qu'est-ce que l'esprit, et qu'est-ce que le bon sens? Essayez de tracer le portrait de l'homme d'esprit et de l'homme de bon sens. A-t-on eu raison de dire : Placer l'esprit avant le bon sens, c'est placer le superflu avant le nécessaire?*

DÉVELOPPEMENT. — Ce qu'on appelle esprit, dans le sens qu'il faut entendre ici, c'est l'aptitude à voir vite les rapports contingents, accidentels, fortuits, arbitraires, conventionnels, subjectifs; par exemple, les rapports de ressemblance, de contraste, de contiguïté dans le temps et dans l'espace, ou dans la conscience.

Le bon sens saisit les rapports nécessaires, essentiels, naturels, objectifs. Ces rapports sont résumés dans les premiers principes de la raison : d'identité, de contradiction, de causalité, de substance, de finalité, principes que le bon sens applique et applique bien.

L'homme d'esprit est, en général, doué de beaucoup de mémoire et d'imagination, d'une vive sensibilité. L'homme de bon sens peut ne pas avoir ces dons.

L'homme d'esprit associe ses idées au moyen de rapports contingents et accidentels, plutôt qu'il ne les lie par des rapports nécessaires, naturels, logiques : ceci est le fait de l'homme de bon sens. Le discours du premier abonde en métaphores, en allégories, en comparaisons, en antithèses, en allusions, en figures et en nuances de toutes sortes; sa conversation est en général vive et charmante, mêlée de jeux de mots et de traits d'esprit. Le discours et la conversation de l'homme de bon sens n'ont pas, en général, ces dehors brillants.

Dans les affaires, dans la conduite de la vie, l'homme d'esprit est fécond en moyens et en expédients; mais ces moyens et ces expédients demanderaient le contrôle du bon sens, sans lequel ils risquent d'être mal choisis et mal appliqués.

Quand on a le bon sens et qu'on manque d'esprit, on est capable de se proposer un but, mais souvent on le manque. Quand on a de l'esprit et qu'on manque de bon sens, on risque de se proposer des buts illusoires, rien de grand.

Le bon sens fait les hommes de principes, de caractère, de valeur; l'esprit fait les hommes de talent, de ressources, de conversation.

Le bon sens est nécessaire, l'esprit est utile; on a dit qu'il est le premier des moyens, qu'il sert à tout, mais ne suffit à rien. Il faut donc le placer après le bon sens. Le nécessaire d'abord, l'utile ensuite. Mais l'esprit est si utile qu'il est souvent presque nécessaire, et qu'il faut se garder de trop le considérer comme superflu. Heureux qui réunit le bon sens nécessaire en toutes choses à l'esprit qui sert à tout!

II. — Ce que c'est que la timidité, l'outrecuidance, l'assurance modeste. Donnez des exemples ou faites des portraits.

Le timide n'a pas confiance en lui-même; il n'ose pas faire une démarche, dire une parole, questionner, répondre. Dans un examen l'élève timide hésite et tremble : il se déconcerte tout de suite. Un rien le déroute, lui fait perdre tous ses moyens, paralyse toutes ses forces. Il ne peut donner sa mesure, se faire valoir ce qu'il vaut en réalité. Ceux qui ne le connaissent pas le prendraient facilement pour un ignorant ou un sot.

L'outrecuidant ne doute de rien. Il ose tout, ne garde aucune réserve, ne prend aucune précaution. Il affirme ou nie toujours absolument, sans tenir compte des circonstances, sans se soucier des distinctions nécessaires, des nuances, de la mesure, de la mise au point. Il sait tout, il peut tout, il se croit tout permis. De respect, de circonspection, de politesse, il n'en a cure.

L'outrecuidance est le défaut opposé à la timidité. Le timide n'ose pas assez, l'outrecuidant ose trop. L'un n'a pas assez de confiance en lui-même, ne s'estime pas assez; l'autre est téméraire et présomptueux.

La vertu est dans le juste milieu; elle est dans l'assurance modeste. Celui qui possède cette qualité se préserve à la fois de la timidité et de l'outrecuidance.

Il ose parler, il ose agir; mais il le fait avec modestie, avec réserve et dignité, sans ostentation ni orgueil.

On a pitié du timide, on méprise l'outrecuidant, on estime celui qui parle et agit avec une assurance modeste.

III. — Différence entre agir et s'agiter. Donner des exemples tirés des fables de La Fontaine.

DÉVELOPPEMENT. — Agir, c'est être cause, c'est faire des actes en vue d'un but déterminé. L'action est une dépense de forces, une suite d'efforts dirigés par la raison. C'est la raison qui préside à l'action, qui la conçoit, qui l'ordonne et la mène à bonne fin. Agir, c'est se mouvoir dans l'ordre, dans la règle, c'est produire. S'agiter, c'est n'être pas vraiment cause, car c'est faire des actes qui n'aboutissent à rien. L'agitation est une dépense de force, sans suite, sans cohésion, sans direction. C'est l'absence de raison qui fait l'agitation et enlève aux actes leur efficacité. S'agiter, c'est se mouvoir hors de l'ordre et de la règle, c'est gaspiller son temps. L'action est le contraire de l'agitation : celle-là est raisonnable, celle-ci ne l'est pas. La première est féconde, la seconde est stérile.

Dans la fable *la Mouche du coche*, le cocher et les chevaux agissent; tous leurs efforts tendent à un but : monter le coche jusqu'au haut. Ils règlent leurs efforts sur la résistance qu'ils éprouvent; ils ne s'emballent pas, ils ne trépignent pas sur place. A quoi bon?

La mouche au contraire s'agite. Elle va, vient, fait l'empressée, se pose sur le nez du cocher. Pourquoi tous ces mouvements? Tout l'embarras de la mouche est pure agitation. Rien ne règle ses efforts, rien ne les coordonne. Elle-même est hors de l'ordre : de quoi se mêle-t-elle? C'est au cocher qu'il appartient de conduire les chevaux.

De même en est-il pour Phébus et Borée. Le vent se gonfle de vapeur, enlève maint toit, fait périr maint bateau, mais rien ne dirige son effort qui a pour but d'enlever un manteau.

Le soleil agit. Comme le voyageur veut se tenir chaud, le soleil le réchauffe, le fait suer, rend le manteau gênant et l'oblige à s'en débarrasser.

Dans la fable *le Lion et le Moucheron*, le moucheron agit, puisqu'il veut fatiguer le lion, en lui faisant multiplier et disperser ses efforts. Voilà pourquoi il lui pique tantôt l'échine, tantôt le museau et tantôt entre au fond du naseau. Le moucheron subordonne tous ses actes à son but, il les règle. Le lion s'agite, il s'épuise à rugir, à battre ses flancs, à s'ensanglanter, au lieu d'attendre au bon moment et d'écraser l'insecte. Ses mouvements sont désordonnés et par suite inutiles.

De même dans une classe où les leçons se donnent tranquillement, régulièrement, où les élèves sont attentifs et silencieux, tous les efforts de l'esprit sont réglés, ordonnés, concentrés là où ils sont nécessaires: dans cette classe, maître et élèves agissent. Au contraire, si le maître donne les leçons au milieu du bruit, de la dissipation; s'il crie lui-même, s'il passe souvent d'une idée à une autre, ses efforts sont nuls : maître et élèves s'agitent.

IV.—*A l'aide d'exemples pris, autant que possible, autour de vous, montrez ce qu'il faut entendre par patience, persévérance, opiniâtreté, entêtement ?*

DÉVELOPPEMENT. — Paul n'a pas une mémoire facile; il n'apprend qu'avec peine, mais il ne se fâche ni contre sa mémoire ni contre ses leçons. A quoi bon? Il vient toujours réciter le dernier, et l'on rit de sa lenteur. Il se garde bien de trouver cela mauvais et de s'en plaindre. Que lui importe! Il finit par savoir ses leçons à force de travail, de patience et de temps. « Tout vient à point à qui sait attendre », se dit-il; « Patience et longueur de temps font plus que force ni que rage. » Il aura bientôt une mémoire moins rebelle et mettra moins de temps à apprendre ses leçons. Paul est patient.

Pierre s'est proposé un but difficile à atteindre et qui lui demandera de longs et constants efforts; mais il y tient et il le poursuivra jusqu'à ce qu'il y soit arrivé. Les obstacles qu'il rencontre, les échecs qu'il subit ne le déconcertent pas; il les a prévus, ils sont entrés dans ses calculs. « Je m'y attends, se dit-il; mais qui veut peut, surtout qui veut longuement et fortement. » Pierre est persévérant.

Jean a fait une sottise, il la reconnaît. On lui dit de la réparer. « Je ne le ferai pas, » répond-il. On le conseille, on l'exhorte, on lui donne les meilleures raisons. Il en voit la justesse, il ne les combat même pas, mais il ne consent pas à réparer sa sottise. Son opinion est qu'il serait honteux pour lui de le faire; il persiste dans son opinion. Jean est opiniâtre.

Joseph a pris une route qui ne le mène pas où il veut aller. On s'efforce de le lui faire comprendre. Il n'écoute pas. « J'ai pris cette voie-là, dit-il, je ne la quitterai pas pour en prendre une autre; je ne reviendrai pas sur mes pas. J'irai jusqu'au bout, sans entendre personne. J'en veux faire à ma tête. Que je me sois trompé, c'est possible; mais c'est fait, je n'en démords pas. » — « La méthode que vous prenez pour résoudre ce problème n'est pas la bonne, lui dit-on; elle ne vous mènera pas à la solution. » — « Et que m'importe? répond-il; je n'en accepterai pas une autre. » Joseph est entêté.

V. — *Différence entre la fermeté, l'énergie et l'impétuosité?*

DÉVELOPPEMENT. — La fermeté, l'énergie, l'impétuosité sont trois noms de la force, qu'elles présentent, qu'elles expriment sous trois aspects.

La fermeté, c'est la force qui tient bon, qui résiste, qui persévère, qui ne cède pas ou cède peu. La patience, qui ne recule jamais; la résignation, qui ne se laisse pas abattre par les échecs; la constance, qui ne se lasse pas, sont des formes de la fermeté; mais elles n'en offrent qu'un aspect et ne la désignent pas tout entière. Littré, comparant la fermeté et la constance, dit : « L'homme ferme résiste à la séduction, aux forces étrangères, à lui-même; l'homme constant n'est point ému par de nouveaux objets. On peut être constant avec une âme pusillanime, un esprit borné; mais la fermeté ne peut être que dans un caractère plein de force, d'élévation et de raison. La légèreté et la facilité sont opposés à la constance; la fragilité et la faiblesse sont opposées à la fermeté. »

L'énergie, c'est la force active, la force qui agit efficacement, qui multiplie les efforts, les ressources, les moyens. La fermeté peut être une force d'inertie, si les circonstances l'exigent. L'énergie n'est jamais une force d'inertie. Louis XVI manqua de fermeté, il a fait preuve de constance.

L'impétuosité est la force qui se déploie avec vivacité et surabondance, la qualité de ce qui se meut d'un mouvement rapide et violent.

La fermeté se prend toujours en bonne part. C'est la force de la volonté raisonnable, qu'il ne faut pas confondre avec l'*entêtement*, qui est le fait d'une volonté aveugle, non dirigée par le bon sens. On dira une énergie sotte, fâcheuse, violente, sauvage, mais on n'appliquera pas ces épithètes à la fermeté. L'*impétuosité* peut être une qualité dans des cas rares, dans une charge à la baïonnette, dans un assaut, par exemple. Ce mot éveille, en général, l'idée d'une force excessive, violente, qui s'écarte de la mesure, de la règle. — Une raison, un esprit, un jugement ferme : qui n'erre ni ne chancelle; une volonté, une résolution ferme : que rien ne peut ébranler; un regard, une voix ferme : qui ne se laisse pas troubler. Fermeté de style : qualité d'un style qui est serré et fort. Énergie d'un mot, d'un sentiment : force qu'ils possèdent. Style impétueux : d'un mouvement très rapide et peu ordonné :

> « Son style (de l'ode) impétueux, souvent marche au hasard;
> Chez elle un beau désordre est un effet de l'art. »

IV. — DE LA DISSERTATION PHILOSOPHIQUE

Il ne s'agit pas ici de rappeler et de développer toute la théorie de la dissertation philosophique : théorie relative à l'*invention* ou recherche des idées, à leur *disposition*, c'est-à-dire au plan et à l'argumentation, et à l'*élocution*, c'est-à-dire au style qui convient. Cette théorie, dont il ne faut pas s'exagérer l'importance pratique, on la trouve exposée en détail dans les traités ou recueils de dissertations philosophiques. Les règles et les distinctions y sont peut-être en trop grand nombre; à l'usage, il arrive souvent qu'elles embarrassent plutôt qu'elles n'aident. L'esprit philosophique doit avoir pour résultat de nous libérer de tout ce qui est purement artificiel ou de convention. Quelques observations de bon sens, quelques conseils tirés de l'expérience seront plus utiles et mettront à même de lire avec profit les livres où cette théorie est développée tout au long.

Dans un premier paragraphe, nous donnerons quelque *conseils pratiques* pour la composition française ou la dissertation, et, dans un second, nous montrerons comment il faut *remonter aux premiers principes* en tout travail de la pensée.

I. Conseils pratiques pour la composition française et la dissertation. — Soyez d'abord bien convaincu qu'il n'y a point de recette magique pour arriver à bien composer. La vraie recette, c'est de composer souvent, de se bien posséder en composant, et de savoir beaucoup, d'avoir l'esprit calme et bien muni.

Sachez vous servir, pour développer le sujet que l'on vous propose, de toute votre expérience et de toutes les connaissances que vous avez acquises. N'allez pas croire qu'il est difficile ou peu intéressant. Les hommes qui l'ont formulé savent leur métier. On ne vous demande ni plus, ni moins qu'on ne doit vous demander. On s'est rendu compte, en choisissant le sujet, de ce qu'on peut attendre de vous. Ne vous laissez pas effrayer par les apparences et ne vous défiez pas trop de vous-même.

Étudiez le sujet de près, et vous verrez qu'il est à votre portée; vous le trouverez très beau, vous l'aimerez et le développerez bien. Il faut aimer ce que l'on fait, ce que l'on doit faire. Il faut s'en former un idéal qui attire et captive, qui recueille toutes les facultés et les mette en mouvement.

Ne vous pressez pas pour commencer à écrire. Livrez-vous à une méditation préalable, mais pas trop longue cependant : on pense plus facilement la plume à la main.

Attachez-vous à une vue simple du sujet, celle d'un esprit droit et sensé. Examinez le texte. Pesez chaque mot et soulignez les plus importants. N'en oubliez point, par étourderie ou pour vouloir aller trop vite : un seul mot peut changer le sens des autres, le restreindre ou l'étendre, préciser le point de vue. Supposons ce texte, donné à Lyon (brevet simple), au mois de juillet 1898 : « Imaginez un dialogue entre un serf d'autrefois et un paysan *citoyen* d'aujourd'hui. » Soulignez le mot citoyen, et voyez tout de suite qu'il vous indique le point de vue où vous devez vous placer : *les droits dont jouit le paysan citoyen et dont le serf était privé.*

Faites-vous un plan, en tenant compte de vos habitudes et de votre tour d'esprit. Élaborez-le avant de vous mettre à l'œuvre. Faites-le, en général, très simple, plutôt avec des mots qu'avec des phrases. Marquez seulement la voie que vous devez suivre. Mettez des jalons; indiquez les points de repère. Quel est le but? Quels sont les meilleurs moyens d'y arriver?

Adressez-vous des questions suggestives, pour éveiller les idées. De quoi s'agit-il? Est-ce bien cela? Est-ce que je ne me trompe pas?

Est-ce que je ne confonds pas ce sujet avec un autre? Les idées de cet autre peuvent me venir en aide; mais ne faut-il pas que je les tourne d'une autre façon? Comment? Pourquoi? Quel écueil faut-il éviter? Y a-t-il des distinctions, des réserves à faire, des nuances à marquer pour mettre au point? Dans les études que j'ai faites, dans les livres que j'ai lus, dans l'histoire, dans les fables de La Fontaine et les auteurs classiques que je connais, y a-t-il quelque chose qui se rapporte à cette composition, des exemples qui puissent m'être utiles, des citations qu'il soit bon de faire?

Nos connaissances sont les germes de nos productions. Sachons nous en servir, et ne pas nous en embarrasser. Le sujet que vous avez à développer a trait au travail, je suppose. Ne dites pas tout ce que vous savez sur le travail, mais seulement ce qui convient, ce qui répond au texte tel qu'il vous est donné, ce qui peut lui être approprié.

Pensez par vous-même; cherchez le développement qui sort naturellement du sujet; ne vous dérobez pas, ne vous jetez pas à côté, ne fuyez pas du côté de la mémoire.

Composer, ce n'est pas réciter une leçon apprise par cœur, c'est inventer, c'est créer; ce n'est pas associer artificiellement des idées, c'est les lier par des rapports rationnels. La mémoire, comme l'imagination, peut fournir des matériaux, mais c'est aux facultés de raisonnement et de goût à les employer; sinon, on ne dit rien que de vague; on coud des lambeaux qui ne sont point faits les uns pour les autres; on fait une mosaïque de pièces plus ou moins mal associées, au lieu d'une composition homogène, où la pensée, le sentiment et l'expression s'unissent et se fondent harmonieusement. Faites un triage parmi vos souvenirs et éliminez tout ce qui est étranger à la question toute spéciale que vous avez à traiter, et que vous devez nettement circonscrire.

Le plan fait et les idées préparées dans les conditions que nous avons dites, il ne faut plus vous attarder. Entrez vite en matière et évitez tout hors-d'œuvre; commencez par le commencement, c'est-à-dire sans préambule étranger à la question, sans considérations générales qui ne pourraient que l'embarrasser et l'obscurcir. Sachez bien ce que vous voulez dire et dites-le convenablement; dites d'abord ce qui doit être dit d'abord, et laissez le reste pour y revenir à propos. Quand un point est traité, passez au suivant, en évitant les redites. Ne croyez pas avancer en répétant les mêmes choses. Ce qui est dit est dit. Chemin faisant, notez sur une feuille de papier, d'un mot, d'un signe, les idées qui vous viennent, les suggestions, les rapports, les détails, afin de ne pas les laisser se perdre, de pouvoir les employer à propos, les mettre à leur place. C'est seulement dans l'élan que donne le travail de la composition, que se présentent à l'esprit les meilleures inspirations.

N'amplifiez pas, ne déclamez pas, ne prêchez pas, n'exhortez pas, ne tonnez pas contre les gens, pas plus contre les morts que contre les vivants. Exposez clairement la vérité. Cela suffit : la vérité ainsi exposée exhorte par elle-même.

Soignez la ponctuation : bien ponctuer est un moyen d'apprendre à bien penser. Une ponctuation exacte reproduit la distribution et l'ordre des idées; elle est l'indice d'un esprit méthodique et discipliné; elle met la phrase dans tout son relief et en rend la correction et la lecture faciles.

Ne faites ni trop, ni trop peu d'alinéas : s'il y en a trop, la composition semble être formée de versets, comme un psaume; s'il y en a trop-peu, l'esprit est effrayé d'avoir une si longue route à faire avant d'arriver à un repos.

Évitez les phrases trop longues, embarrassées. Elles sont presque toujours le signe d'une pensée mal dégagée. Le style périodique n'a été bien manié que par un très petit nombre de grands écrivains. Les phrases courtes rendent les pensées claires.

La correction est absolument nécessaire. Il ne doit y avoir ni fautes d'orthographe, ni fautes de syntaxe. Corrigez jusqu'à la dernière minute du temps dont vous disposez.

Soignez le commencement et la fin. Ce n'est souvent qu'en finissant un sujet que l'on trouve le mot et le tour par lesquels il faut le commencer. Soyez en garde contre la lassitude de la fin. Voyez si vous avez tenu toutes les promesses du début. Rappelez-vous que l'intérêt doit aller en augmentant et que la dernière impression doit être excellente.

Soyez convaincu qu'une composition raisonnable, où l'on sentira un peu de mérite littéraire, un peu de pensée personnelle, un peu de jugement, une modeste étincelle de goût, de finesse, sera tout de suite remarquée, bien venue, presque fêtée par les correcteurs.

II. La dissertation et les premiers principes. — Il s'agit généralement, dans une dissertation, de bien appliquer les premiers principes, d'y ramener et d'y rattacher toute affirmation, toute négation, tout raisonnement; de constater et d'établir des identités, des oppositions; de chercher la raison suffisante des jugements et des faits; de rapporter un effet à sa cause, une conséquence à son principe, un fait à sa loi, un exemple à sa règle, une pratique à sa théorie, une partie au tout dans lequel elle est contenue, une maxime au principe rationnel qu'elle rappelle et qui la légitime ou la condamne.

Si deux idées sont identiques ou opposées seulement en apparence, on les fait rentrer l'une dans l'autre ou on les *concilie;* si elles sont *inconciliables,* on dit pourquoi et comment elles le sont; dans certains cas, il faut faire des *distinctions,* et les motiver, donner le pour et le contre; dans d'autres, réfuter une *assertion erronée,* et rétablir la vérité. — On remarquera que ces différents cas ou points de vue, et d'autres encore, se rencontrent souvent dans le même sujet.

Il ne faut écrire ou parler qu'à la lumière des principes; vérifier les principes par les faits, expliquer les faits par les principes. Tout est là pour bien des sujets de dissertation, et le plan à suivre est celui-ci : *prouver d'abord par le raisonnement,* puis *par des exemples;* en d'autres termes, faire appel à la *raison* et à l'*expérience.* La raison fournit les principes; l'expérience, les faits qui, par leur accord ou leur désaccord, les vérifient ou les contrôlent. Les faits, c'est dans l'observation de la vie individuelle ou sociale, dans les sciences, dans l'histoire, dans les auteurs classiques qu'on les trouve.

On peut admettre que les jeunes enfants ne prouvent que par des exemples. Les exemples peuvent d'ailleurs être tournés en raisonnement.

C'est par l'usage des principes que l'on apprend à développer un sujet par lui-même, à en tirer tout ce qu'il renferme, à puiser dans son fond même les preuves, les moyens de conviction; à l'élever, en donnant à une question particulière l'intérêt et la lumière d'une question plus générale et plus haute.

« Rien n'est plus insupportable, pour les hommes de sens et de goût, qu'un vain parleur qui ne sait pas traiter une question par elle-même, qui côtoie en quelque sorte le sujet, qui se joue à l'entour, qui ne le prend que partiellement, qui néglige les choses capitales pour les accessoires, qui ne sait pas élever les faits particuliers jusqu'aux principes, qui n'éclaire pas une question par les sommets, qui ne prouve pas une thèse, qui ne sait qu'étourdir par une vaine et stérile faconde : rien n'est plus insupportable, mais rien n'est plus commun. » (DUPANLOUP, *Haute éducation intellectuelle,* t. II, ch. VI.)

Ce que Fénelon dit de l'art oratoire peut très bien s'appliquer à la dissertation philosophique :

« Je voudrais, dit-il, que l'orateur fût naturellement très sensé, et qu'il ramenât tout au bon sens; qu'il fît de solides études; qu'il s'exerçât à raisonner avec justesse et exactitude, se défiant de toute subtilité. Je voudrais qu'il se défiât de son imagination pour ne se laisser jamais dominer par elle, et qu'il fondât chaque discours sur un principe indubitable, dont il tirerait les conséquences naturelles... Le véritable orateur n'orne ses discours que de vérités lumineuses, que de sentiments nobles, que d'expressions fortes et proportionnées à ce qu'il tâche d'inspirer; il pense, il sent et la parole suit... Il remonte d'abord au premier principe sur la matière qu'il veut débrouiller; il met ce principe dans son vrai point de vue; il le tourne et le retourne, pour y accoutumer ses auditeurs les moins pénétrants; il descend jusqu'aux dernières conséquences par un enchaînement court et sensible. Chaque vérité est mise à sa place par rapport au tout; elle prépare, elle amène, elle appuie une autre vérité qui a besoin de son secours. Cet arrangement sert à éviter les répétitions qu'on peut épargner au lecteur; mais il ne retranche aucunes des répétitions par lesquelles il est essentiel de ramener souvent l'auditeur au point qui décide lui seul de tout. » (*Lettre à l'Académie*, IV.)

Dans ses *Dialogues sur l'Éloquence*, Fénelon dit encore qu'il faut, par l'étude, se faire *un fonds abondant;* autrement,

« On est réduit à payer de phrases et d'antithèses; on ne traite que des lieux communs; on ne dit rien que de vague; on coud des lambeaux qui ne sont point faits les uns pour les autres; on ne montre point les vrais principes des choses; on se borne à des raisons superficielles et souvent fausses; on n'est pas capable de montrer l'étendue des vérités, parce que toutes les vérités générales ont un enchaînement nécessaire et qu'il les faut connaître presque toutes pour en traiter solidement une en particulier. » (*Dialogues sur l'Éloquence*, I.)

Ces idées générales étant posées, examinons l'un après l'autre les cas de dissertation ci-dessus indiqués, et donnons en raccourci quelques exemples de la façon de procéder.

I. Cas où deux idées sont identiques. — Lorsque deux idées sont identiques, il faut les considérer l'une et l'autre et montrer que la seconde se ramène nécessairement à la première. Quand une chose est vraie, ce qui est identique à cette chose est vrai aussi. Quelquefois, il ne s'agit pas directement d'identité, mais d'une chose qui en implique une autre, du rapport de contenant à contenu, par conséquent, de l'application de ce principe : Ce qui contient une chose contient aussi ce que cette chose contient.

Pour faire ressortir l'identité, on peut avoir recours à une troisième idée et appliquer ce principe : Deux idées qui équivalent à une même troisième équivalent entre elles.

EXEMPLES. — *Qui veut la fin, veut les moyens.* — La seconde idée de ce proverbe, *vouloir les moyens*, rentre nécessairement dans la première, *vouloir la fin*. L'une est identique à l'autre; qui pose l'une pose l'autre. Celui qui veut absolument une fin déterminée veut par là même les moyens nécessaires pour l'atteindre; la fin implique les moyens; vouloir la fin et ne pas vouloir les moyens, c'est se contredire, c'est à la fois vouloir et ne vouloir pas. Par exemple, vouloir se corriger d'un défaut et ne pas vouloir le combattre; guérir d'une maladie et ne vouloir point prendre les remèdes; vouloir être heureux et ne pas vouloir être bon; ne pas vouloir être malheureux et vouloir le mal; vouloir être libre et ne pas vouloir dominer ses passions, qui rendent esclave.

Il y a entre les moyens et la fin un rapport nécessaire; la raison ne les sépare pas, la volonté doit les confondre.

— « *L'honneur aux nobles cœurs est plus cher que la vie.* » (CORNEILLE.) — Ce vers établit qu'il y a égalité entre les idées *d'honneur* et de *plus cher que la vie*. Il signifie que l'honneur vaut plus que la vie; que l'on doit sacrifier la vie à l'honneur, mais non l'honneur à la vie. Il s'agit ici de la vie du corps. L'honneur, si on l'entend bien, est la vie même de l'âme; c'est la droiture, la rectitude morale. La vie du corps n'est sacrée, elle n'a de prix que par le devoir; si on la détourne de sa fin, si on la dégrade, si on la déshonore, non seulement elle n'a pas de prix; mais elle devient nuisible, soit à celui qui en abuse, soit à ceux qui sont témoins et qui souffrent de l'abus qu'il en fait.

La vie appartient à la loi, au devoir, à l'honneur; vouloir la garder et en jouir hors de la loi, contre le devoir ou l'honneur, c'est un désordre, c'est un mal, c'est un malheur. — Le vers de Corneille est donc vrai.

Sujets qui rentrent dans ce cas et doivent être développés dans le même sens. — La véritable modération est force. — Qui se contient s'accroît. — Rien n'est estimable que le bon sens et la vertu. (FÉNELON.) — La mollesse ou l'indulgence pour soi et la dureté pour les autres n'est qu'un seul et même vice. (LA BRUYÈRE.) — Vouloir, c'est pouvoir. — Vivre, c'est agir. — Obéir, c'est vaincre. (LACORDAIRE.) — Le vrai homme est celui qui peut rendre bonne raison de sa conduite. (BOSSUET.) — Le naturel dans les écrits n'est pas d'une autre sorte que le naturel dans la vie humaine. (NISARD.) — Mourir pour son pays est payer une dette. (ROTROU.) — Le vrai bien est celui qui nous rend meilleurs. — Le bonheur demande deux choses : pouvoir ce que l'on veut, vouloir ce qu'il faut. (SAINT AUGUSTIN.)

II. Cas où il faut concilier deux idées.

— Concilier deux idées, c'est montrer que, malgré les apparences, elles ne s'excluent pas, ne sont pas opposées, ne sont pas contradictoires; qu'au contraire elles s'impliquent, elles s'accordent, elles concordent. C'est en définissant et caractérisant les deux idées que l'on mettra en évidence leur conciliation et leur accord. Tous les arguments doivent être pris de là.

Il arrive souvent que ce cas rentre dans le précédent et que la conciliation montre l'identité. La maxime suivante, de Sénèque, si elle est bien entendue : « Qui est ami de soi-même, est ami de tout le monde, » en est un exemple. Être vraiment ami de soi-même, c'est aimer en soi la vérité, le bien, la justice, seules choses aimables et qu'on ne peut aimer en soi sans les aimer en même temps chez les autres. Celui-là seul peut donc aimer les autres comme il doit, qui s'aime soi-même comme il doit.

EXEMPLE. — *Concilier l'épargne avec la charité et la générosité.* — Epargner, c'est pratiquer la vertu de prévoyance, qui est une partie de la prudence. Etre charitable et généreux, c'est observer envers ses semblables les devoirs résumés dans la maxime : « Faites aux autres ce que vous voulez qu'ils fassent pour vous. »

Il ne saurait y avoir opposition entre une vertu et une vertu. La vertu est une dans son essence, une dans son principe, bien qu'elle nous apparaisse diverse dans ses manifestations. Une vertu peut bien circonscrire ou compléter une autre vertu, mais non lui être opposée. Il n'y a pas de vertu contre la vertu, pas plus qu'il n'y a de droit contre le droit, de vérité contre la vérité, de loi contre la loi.

Epargner, ce n'est pas être avare, ce n'est pas être égoïste. Etre charitable et généreux, ce n'est pas être prodigue ni dissipateur.

L'avare immobilise la richesse acquise; l'égoïste ne l'emploie qu'à sa satisfaction personnelle; le prodigue, le dissipateur en abuse, la gaspille; c'est un égoïste qui ne calcule pas.

L'économe, après en avoir employé une partie aux dépenses nécessaires, met en réserve l'autre pour les besoins de l'avenir; il se crée un fonds libre, un capital, soit avec le superflu, soit avec les privations qu'il s'impose. Et c'est précisément ce qui lui permet de venir au secours de la misère ou de la pauvreté, sans préjudice pour lui ni pour les siens. En même temps qu'il remplit les devoirs de justice, *il peut remplir ceux de charité.*

Ce que l'épargne a conservé, la charité le donne. Ainsi, loin d'être opposée à la charité et à la générosité, l'épargne en est la condition matérielle et la condition morale. Condition *matérielle :* celui qui dépense au jour le jour tout ce qu'il gagne, qui ne se refuse aucune satisfaction, pourra-t-il être charitable ? En aura-t-il les moyens ? Condition *morale:* pourra-t-il être généreux ? La générosité suppose le sacrifice : de quel sacrifice est capable l'homme qui n'a d'autre loi que le plaisir ?

L'épargne et la générosité vont donc ensemble. L'homme le plus généreux, c'est-à-dire qui peut le plus donner, c'est celui qui sait le mieux épargner, le mieux régler ses besoins et réprimer ses instincts égoïstes.

Sujets de même nature. — On conciliera de même : L'honnête et l'utile. — Le sacrifice et l'amour de soi. — La vraie ambition et le désintéressement. — La vie et la mort, dans le vers suivant de Rotrou : « Qui vit avec honneur doit mourir constamment. » — L'obéissance et la liberté dans ce mot de Cicéron : « Nous sommes restés sujets de la loi, afin d'être libres. » — L'unité de la vertu avec la pluralité et la diversité des vertus. — Les proverbes suivants, opposés deux à deux : Tout vient à point à qui sait attendre; souvent qui tarde trop se laisse prévenir. — Méfiance est mère de sûreté; la défiance appelle la tromperie. — Commencer, c'est avoir fait la moitié de la besogne; en fait de besogne, neuf n'est que la moitié de dix. — La question du conflit des devoirs peut fournir nombre de sujets rentrant dans ce second cas. Aux sujets donnés ci-dessus, ajoutons celui-ci : Rechercher en quelles circonstances il pourrait y avoir conflit entre nos différents devoirs envers la famille, la patrie et l'humanité, et comment on devrait essayer de les concilier.

III. Cas où deux idées sont inconciliables. — Il s'agit encore ici de définir et de caractériser les deux idées et de montrer, par leur nature, par leurs caractères, par leur contenu, qu'elles sont opposées l'une à l'autre, qu'elles sont incompatibles, que l'affirmation de l'une implique la négation de l'autre; de montrer cela également ment par les conséquences qu'elles entraînent, en s'appliquant aux faits, en se réalisant, soit dans la vie individuelle, soit dans la vie sociale.

EXEMPLE. — *La liberté est incompatible avec la faiblesse.* (VAUVENARGUES.) — De la définition même de la liberté et de la faiblesse, il ressort que les idées de liberté et de force sont identiques, aussi bien que les idées de servitude et de faiblesse.

Être libre, c'est se posséder soi-même, c'est être maître de soi, c'est être fort; être faible, c'est être dans l'impuissance de se posséder soi-même, d'être maître de soi, c'est être esclave.

L'homme faible, c'est celui qui ne sait ni remplir ses devoirs, ni faire respecter ses droits; qui se livre et appartient à toute influence qu'il subit, à tout ce qui l'entraîne hors de la loi ou dans le mal, à quiconque veut l'exploiter, le tromper, le perdre.

L'homme fort, c'est celui qui remplit ses devoirs et fait respecter ses droits, c'est l'homme libre.

L'ignorant, l'homme qui est dans l'erreur, l'homme paresseux, l'homme colère, l'homme peureux, celui qui redoute ses semblables, celui que le respect humain empêche d'agir, ne sont pas libres, mais esclaves de l'ignorance, de l'erreur, de la paresse, de la colère, de la peur, du respect humain.

Moralement, on est sujet de la raison, on est esclave de la passion, et la vertu, que l'on définit : l'habitude de vivre selon la raison, n'est pas autre chose que la liberté morale.

La parole de Vauvenargues s'applique à la liberté politique et civile, comme à la liberté morale. A quoi servent, par exemple, les droits ou libertés civils et politiques, à un homme qui n'ose pas les exercer, les faire respecter, les revendiquer? Il a le droit de voter, il est vrai; mais il n'en use pas ou, s'il en use, c'est contre sa conscience, contre sa volonté raisonnable, c'est-à-dire qu'il cède à une force étrangère, qu'il ne fait pas un acte d'homme libre, mais un acte d'esclave. Les lois civiles lui garantissent certains droits naturels, ceux, par exemple, d'être respecté dans sa vie, dans son âme et dans son corps, dans l'usage légitime qu'il fait de ses facultés, dans sa conscience, dans son honneur et dans ses biens; mais il est faible, mais il a peur: il n'ose invoquer l'autorité des lois, en appeler aux tribunaux, se faire rendre justice.

Les libertés civiles n'existent pas pour lui.

Un peuple faible est nécessairement un peuple esclave, quelles que soient ses lois politiques et civiles, parce que les droits que les lois et la nature garantissent demandent de la force pour être exercés, pour être respectés, pour être revendiqués.

Homme raisonnable, homme fort, homme vertueux, homme libre, toutes ces expressions ont même sens, signifient la même idée, de même que ces autres expressions: homme déraisonnable, homme faible, vicieux, esclave.

Sujets de même nature. — Pour les cœurs corrompus l'amitié n'est point faite. (VOLTAIRE.) — Le mal qu'on veut guérir, ne se doit point flatter. (ROTROU.) — Quiconque est capable de mentir, est indigne d'être compté au nombre des hommes. (FÉNELON.) — Un esprit corrompu ne fut jamais sublime. (VOLTAIRE.) — Jamais on n'a vu marcher ensemble la gloire et le repos. (BACON.) — On ne peut être, à la fois, juge et partie. — Si l'âme ne se fait belle, elle n'apercevra pas la beauté. (PLOTIN.)

IV. Cas où il faut faire des distinctions entre deux idées. —

Faire des distinctions, c'est montrer en quel sens, jusqu'à quel point, dans quelle mesure, les deux idées sont vraies ou sont fausses, et en quel sens, jusqu'à quel point, dans quelle mesure, elles ne sont pas vraies ou ne sont pas fausses; c'est faire des restrictions, des réserves; c'est préciser, marquer des limites; c'est voir le pour et le contre, et les motiver; c'est examiner, contrôler, pour ne pas confondre l'erreur et la vérité, pour les dégager, pour repousser celle-là, sans sacrifier celle-ci. Tout cela demande que l'on ait le sens exact des deux idées et de leurs rapports ou relations, et que l'on voie les façons de les bien ou mal entendre, et de les bien ou mal appliquer.

Ces remarques sont d'une application très fréquente, dans l'appréciation d'un proverbe, d'une maxime, d'une sentence. « Peu de maximes, a dit Vauvenargues, sont vraies à tous égards, » c'est-à-dire d'une manière absolue. Si une maxime n'est pas absolument vraie, il faut marquer le point où elle cesse de l'être, et montrer que, si on l'entend mal, ou si on l'exagère, elle devient fausse et dangereuse. Par exemple, la maxime stoïcienne : *Il faut suivre la nature,* est vraie, si l'on entend par nature la volonté raisonnable, dirigeant vers le bien toutes les forces de l'homme; elle est fausse, si, comme les stoïciens, on retranche de la nature de l'homme le cœur ou le sentiment, ou si l'on entend par nature les instincts et les passions échappés à l'empire de la raison, forces aveugles et désordonnées.

« Il y a en nous, dit Bautain, une bonne et une mauvaise nature. Le précepte de vivre conformément à la nature ne signifie donc rien, si l'on n'explique d'abord de quelle nature on veut parler. Le méchant vit conformément à la nature viciée, en suivant l'instinct de la concupiscence et l'entraînement de l'égoïsme. L'homme de bien vit conformément à la nature pure ou régénérée, quand, par l'énergie de sa volonté, il a remis le corps sous l'empire de l'âme, et l'âme sous la loi de Dieu. »

EXEMPLE. — *Il faut être de son temps.* — Oui et non.

—Oui, il faut être de son temps; il faut être où l'on est; il ne faut pas vivre dans un passé qui n'est plus, ni dans un avenir qui n'est pas encore.

Nos devoirs sont actuels; nous avons à les remplir dans le milieu où nous sommes, dans les conditions qui nous sont faites.

On peut désirer un temps meilleur, des circonstances plus favorables; mais on doit s'efforcer de faire chaque jour le bien possible, et de ne pas en différer l'accomplissement. C'est le présent qui peut réparer le passé et préparer l'avenir. Il faut prendre son point d'appui dans la réalité, et la réalité, c'est le temps où l'on vit.

Il faut s'inspirer de la raison, du bon sens, et non de l'imagination, qui se plaît à bâtir des châteaux dans le vide, et qui égare l'homme, en l'occupant de rêves, de chimères, de fictions, aux dépens de ses devoirs. Si l'on désire réellement un temps meilleur, il n'y a qu'un moyen de le réaliser dans la mesure du possible: c'est d'être soi-même, et de travailler à faire que les autres soient ce qu'on veut que soit le temps. « Beaucoup, dit saint Augustin, répètent : Les temps sont mauvais; mais que chacun se fasse bon, et les temps seront bons. »

Être de son temps, c'est avoir l'intelligence des besoins de l'époque où l'on vit, et des remèdes à y apporter. Il faut agir, et non pas perdre ses forces à des récriminations insensées, à des regrets stériles, à des espérances vaines.

— Non, il ne faut pas être de son temps, si l'on entend par là qu'il faut en partager les erreurs et les vices; qu'il faut admettre les faits accomplis, quand ces faits sont en opposition avec la justice; qu'il faut prendre son parti du mal et s'y résigner; qu'il faut professer les opinions que l'on estime fausses; qu'il faut se ranger du côté des plus forts, et non du côté des meilleurs; du côté du succès, et non du côté du droit. Être de son temps de cette façon, c'est n'en être pas. Nul temps n'est destiné à l'iniquité.

L'homme qui est vraiment de son temps, c'est l'homme qui fait son devoir, qui suit la loi de tous les temps, loi absolue, universelle, immuable. L'homme n'a jamais à faire que cela, quels que soient les événements et les circonstances.

« Il faut s'accommoder au temps, aux circonstances, aux hommes ; mais il ne faut pas souffrir que le temps, ni les circonstances, ni les hommes, l'emportent sur la vérité et sur la justice. Le dépositaire du pouvoir doit aux peuples la vérité et la justice, avant le repos et la paix, dont elles sont, d'ailleurs, les bases assurées. » (LOUIS VEUILLOT.)

Sujets de même nature. — Charité bien ordonnée commence par soi-même. — Mauvaise tête, bon cœur. — Il faut faire comme tout le monde. — Ce n'est pas assez d'avoir l'esprit bon, le principal est de l'appliquer bien. (DESCARTES.) — La gloire des grands hommes doit toujours se mesurer aux moyens dont ils se sont servis pour l'obtenir. (LA ROCHEFOUCAULD.) — On ne doit pas juger d'un homme par ses qualités, mais par l'usage qu'il en sait faire. (LA ROCHEFOUCAULT.) — Un homme sage ni ne se laisse gouverner, ni ne cherche à gouverner les autres, il veut que la raison gouverne seule et toujours. (LA BRUYÈRE.)

— L'honnête et l'utile ont-ils la même valeur comme motifs des actions humaines ? — Les passions sont de bons instruments, mais de mauvais conseillers. — L'honnête homme et l'homme prudent. — « Soyez juste, il suffit, le reste est superflu. » (VOLTAIRE.) — Il faut rendre les enfants raisonnables, mais non les rendre raisonneurs. (JOUBERT.) — Instinct et habitude. — Sens commun et bon sens. — Raison, conscience, goût. — Conscience de soi et conscience morale. — Instruction et éducation. — Agir et s'agiter. — Ce n'est pas la tête qu'il faut porter haut, c'est le cœur. (LACORDAIRE.)

> Raisonner est l'emploi de toute ma maison,
> Et le raisonnement en bannit la raison. (MOLIÈRE.)

V. Cas où il faut réfuter une assertion erronée. — La réfutation doit se faire en mettant en évidence d'abord la vérité à laquelle l'erreur en question est opposée, puis les conséquences que celle-ci entraîne.

Ce qui fait illusion, ce qui donne le change, ce qui trompe dans une assertion erronée, c'est la part de vérité qu'elle contient ou paraît contenir. Il y a longtemps qu'on l'a dit : « Toute erreur est une vérité dont on abuse. » Il faut d'abord prendre garde à cette vérité ou à cette apparence de vérité, et en tenir compte dans la réfutation. L'erreur tombe d'elle-même, quand on la dépouille de ce qui la masque, quand on lui ôte son point d'appui, quand on lui enlève ce qui seul peut lui donner quelque consistance. La vérité, c'est ce qui est; l'erreur, ce qui n'est pas. La vérité est cohérente : elle se soutient elle-même dans toutes ses conséquences. Le contraire a lieu pour l'erreur : elle aboutit à la contradiction et à des conséquences insoutenables, qui s'évanouissent devant la raison ou le bon sens, ou devant la science bien informée.

Il peut arriver que l'assertion erronée embarrasse par sa formule vague; il faut alors et tout d'abord l'éclaircir, la préciser, l'exprimer en termes nets, qui dissipent le vague et fassent la pleine lumière. La réfutation devient alors facile.

EXEMPLE. — *Réfuter cette maxime : « La vertu est affaire de tempérament. »* — Cette maxime est un sophisme, dont on se sert pour excuser tous les entraînements, pour absoudre toutes les fautes.

Le tempérament est un facteur dont il faut tenir compte, qui peut rendre la vertu plus facile ou plus difficile, mais dont l'importance n'est pas ce que dit la maxime.

La vertu n'est pas l'affaire de l'animal, mais de l'homme; en soi, elle ne dépend pas du corps, mais de l'âme.

La vertu, comme le vice, se rencontre avec tous les tempéraments.

La raison ou la conscience nous dit que nous avons le mérite de nos vertus et le démérite de nos vices; que nous devons nous attribuer les premières et nous en féliciter; que nous devons nous imputer les seconds et en rougir de honte. « Si le vice n'est qu'une conséquence physique de notre organisation, d'où vient, dit Chateaubriand, cette frayeur qui trouble les jours d'une prospérité coupable ? Pourquoi y a-t-il une voix dans le sang et une parole dans la pierre ? Le tigre déchire sa proie, et dort; l'homme devient homicide, et veille. »

Si l'on admettait pratiquement cette maxime, on ne devrait pas continuer à approuver ou à blâmer les hommes, à les appeler vertueux ou criminels. Il y a une contradiction manifeste à les juger comme des êtres libres et responsables, après avoir déclaré qu'ils ne le sont pas.

Sans doute, très grande est l'influence du physique sur le moral; mais ne l'exagérons pas. Il est aussi des causes morales qui agissent à leur tour sur le physique; par exemple, les lectures, les conversations, les compagnies. Le tempérament devient plus ou moins exigeant, suivant que ces causes sont plus ou moins agissantes; il est vainqueur ou vaincu, selon qu'elles sont écartées ou recherchées. Ainsi, il y a action réciproque du corps sur l'âme, et de l'âme sur le corps; et l'honneur de l'homme, c'est de maintenir par la vertu, qui est sa force, la chair sous la domination de l'esprit.

Dire que la vertu est affaire de tempérament, c'est faire injure à l'homme, en niant sa liberté; c'est faire injure à Dieu, en niant l'efficacité de sa grâce; c'est outrager, avec la vertu, le bon sens lui-même. Qui oserait dire, autrement qu'en d'utopiques théories: La probité est affaire de tempérament, et les voleurs sont des malheureux et non des coupables?

Il ne faut pas mêler et confondre le monde physique, où tout est passif et fatal, avec le monde moral, où trouve place la spontanéité intelligente, c'est-à-dire l'activité libre.

Les causes que certains philosophes regardent comme *déterminantes,* le tempérament, le climat, les prédispositions héréditaires, peuvent plus ou moins influer sur la volonté, mais non la contraindre. Elles sont *prédisposantes,* et non *déterminantes.*

La volonté est elle-même une cause d'un ordre supérieur, qui a le devoir de tenir les autres sous sa dépendance. Au lieu de dire: *Je suis victime de mon tempérament,* ceux qui se réclament de la maxime discutée diraient avec plus de vérité: *J'aurais dû vouloir autrement.*

Sujets de même nature. — Est-il vrai que la morale soit intéressée, parce que la conscience humaine exige l'accord du bien et du bonheur? — Je ne fais de mal qu'à moi-même. — La loi est l'expression de la volonté générale. — Il faut tout attendre de l'instruction, pour le progrès de la moralité. — Il ne faut rien attendre de l'instruction, pour le progrès de la moralité.

Quand on a tout perdu, quand on n'a plus d'espoir,
La vie est un opprobre, et la mort un devoir. (VOLTAIRE.)

NOTES COMPLÉMENTAIRES

Nous donnons ici, pour qu'on se rende mieux compte des idées exposées, un autre exemple développé de chacun des cas examinés ci-dessus.

· **I. Idées identiques.** — « *Commenter cette parole: Un homme sans but est par cela même sans énergie.* »

— Le commentaire de cette parole se résume dans ces trois idées: Ce que c'est qu'un homme sans but, ce que c'est que l'énergie, et comment un homme sans but est nécessairement sans énergie.

I. — Un homme sans but est un homme qui ne réfléchit pas, qui ne se rend pas compte, qui ne sait pas ce qu'il fait et ne se soucie même pas de le savoir; qui ne sait ce qu'il veut, ni même s'il veut; car on ne conçoit pas une détermination, une volonté, sans but; qui ne sait où il va, ni où il doit aller; qui prend la voie où il est poussé, où il est entraîné, au hasard, sans direction, sans choix raisonné; qui ne sait pourquoi il agit: la notion du pourquoi indique un but; en un mot, l'homme sans but est celui qui ne fait pas usage de sa raison: partout où se trouve la raison il y a un but, un ordre, un plan, des moyens ordonnés en vue d'une fin; c'est celui aussi, par conséquent, qui ne fait pas usage de sa volonté: la volonté est une puissance morale faite, nous dit Bossuet, pour suivre la raison.

II. — L'énergie est la force d'âme, la vigueur de la volonté au service de la raison, la résultante de toutes les forces de l'homme, coordonnées, unifiées, dirigées, agissant de concert.

On voit, par cette définition, que l'énergie ne se conçoit pas sans un but. Des forces coordonnées, unifiées, dirigées, agissant de concert, vont à un but. C'est le but qui les unifie; c'est pour le but qu'elles sont coordonnées; c'est vers le but qu'elles sont dirigées; c'est pour atteindre le but qu'elles agissent de concert.

III. Chez l'homme sans but, il y a nécessairement l'inaction, la division, la dispersion, l'antagonisme des forces ; c'est l'anarchie, le désordre, c'est-à-dire le contraire même de la force, de l'énergie, qui ne peuvent se trouver que dans l'unité, que dans l'ordre.

Force, énergie, unité, ordre, but, toutes ces idées s'impliquent. Le devoir lui-même implique un but: c'est le moyen d'atteindre le but.

Pourquoi cet homme n'a-t-il pas la force de vivre, pourquoi se donne-t-il la mort? C'est parce qu'il ne comprend pas le devoir, et il ne comprend pas le devoir, parce qu'il ne comprend pas le but de la vie.

Pourquoi cet élève ne se forme-t-il pas l'intelligence, le cœur, le caractère? Pourquoi est-il sans force pour apprendre une leçon, pour se réprimer, pour se vaincre? D'où vient sa dissipation, sa légèreté, son inconsistance? C'est qu'au fond il ne sait pas pourquoi on l'a mis dans une école, pourquoi on l'appelle *élève;* il ne songe pas qu'il a à faire son éducation, à devenir un homme : il est sans but.

Pourquoi cet homme qui parle ou qui écrit, ne fait-il que des phrases? Pourquoi est-il impuissant à penser et à parler avec ordre, avec suite, avec méthode? Pourquoi ses idées, quand il en a, sont-elles incohérentes, vagues, sans netteté, sans précision? Pourquoi lui est-il impossible de se résumer et de conclure? C'est qu'au fond il ne sait pas bien ce qu'il dit; et il ne sait pas bien ce qu'il dit, parce qu'il ne sait pas bien ce qu'il veut dire, parce qu'il n'a pas un but bien arrêté, qu'il parle pour parler, qu'il écrit pour écrire, sans penser à conduire l'esprit à un résultat prévu et voulu.

N'est-ce pas le but poursuivi qui a fait l'unité et la force de la vie des grands hommes, de la vie des saints? Toute grande œuvre n'est-elle pas la réalisation d'un grand dessein ? et un grand dessein, qu'est-ce autre chose qu'un grand but à atteindre ? Qu'est-ce qui a donné à un Christophe Colomb, à un Bernard Palissy, à un Descartes, à un Bossuet, à un Newton, à un Buffon, à un Pasteur, cette énergie, cette constance, ce génie qui les rend dignes de notre admiration? N'est-ce pas le but qu'ils se sont proposé et vers lequel ils ont fait converger toutes les puissances de leur âme?

On sait que Satan est le singe de Dieu, et que les méchants déploient au service d'une raison faussée et corrompue, c'est-à-dire au service de l'erreur et du mal, une énergie aveugle, exaltée par un but coupable.

On sait quel est le but de certaines sociétés malfaisantes et avec quel opiniâtre fanatisme elles le poursuivent. C'est là une énergie négative, une force retournée, qui détruit au lieu d'édifier, qui tend à la mort, au néant, non à la vie, à l'être.

On le voit, c'est toujours le but qui donne l'énergie. Mais il y a but et but, et il ne faut pas oublier que la vie de l'homme n'a qu'un but, le bien, la perfection, la vie éternelle : Dieu atteint, contemplé, aimé, possédé. C'est ce que nous dit le catéchisme, c'est ce que nous enseigne l'Évangile. Ce but est absolu, tous les autres sont relatifs et n'ont de valeur morale que s'ils sont des moyens de l'atteindre.

L'homme n'agit raisonnablement que s'il fait rentrer, par l'idée du devoir, toutes les fins prochaines, particulières, dans la fin dernière. Il n'y a de vie parfaitement ordonnée et complètement forte que celle qui s'avance, sans déviation et sans défaillance, vers cette fin absolue.

II. Idées à concilier. — *Comment peut-on concilier les idées de justice et de charité?*

— Une vertu ne peut jamais être opposée à une vertu : il y a harmonie entre toutes les vertus, ou plutôt la vertu étant une dans son principe, il n'y a qu'une vertu, qui se manifeste diversement et prend divers noms, suivant les objets auxquels elle s'applique : c'est la force morale, la fidélité à la loi, à l'ordre.

La loi morale nous prescrit des devoirs et nous confère des droits. Les droits, nous avons à les respecter chez les autres et à les faire respecter chez nous. C'est en cela que consiste l'exercice de la justice. C'est là notre premier devoir et la condition des autres. Laisser violer ses droits, c'est se mettre dans l'impossibilité de remplir ses devoirs.

Est-ce être charitable que de laisser violer ses droits, quand on peut empêcher qu'ils ne soient violés? Est-ce être charitable que de se laisser voler, diffamer, calomnier? N'est-ce pas, au contraire, favoriser l'injustice, l'encourager, y participer? Est-ce être charitable que de laisser le scandale s'étaler à ses yeux, sans protester, sans employer les moyens nécessaires pour le faire cesser? Est-ce être charitable que de permettre à un condisciple de troubler l'ordre dans une classe, d'empêcher le maître d'y donner et les élèves d'y écouter les leçons?

La charité ou le dévouement ne peut vouloir que le bien du prochain; mais est-ce vouloir son bien que de lui laisser commettre le mal, violer les droits d'autrui, que de ne pas, dans la mesure où on le peut, l'arrêter dans la mauvaise voie ou l'en détourner?

Faire emprisonner un criminel, c'est l'empêcher de nuire. Il n'y a rien, dans ce fait, de contraire à la charité, à moins qu'on ne cède à des ressentiments, à des passions malveillantes. Le fait en lui-même est un acte de charité, autant que de justice, soit pour le criminel, soit pour ceux que sa méchanceté pourrait atteindre.

La charité ne va pas sans la justice : elle la suppose, elle en est la perfection. On ne peut pas faire la charité au détriment de la justice. Donner l'aumône à quelqu'un, quand on est certain qu'il s'en servira pour se nuire à lui-même et nuire aux autres, n'est pas faire un acte de charité; c'est favoriser le mal, l'injustice; c'est y prendre part.

La charité doit vouloir le bien du prochain; autrement, elle n'est pas la charité. La justice exige que l'on fasse respecter ses droits, même par la contrainte, si la contrainte est nécessaire; c'est ce qu'on appelle le droit de légitime défense.

Dans la défense du droit, être faible pour soi ou pour les autres, c'est n'être ni juste ni charitable, et ce qui caractérise la faiblesse, c'est précisément l'insouciance, l'abandon des droits qu'il faut revendiquer ou faire respecter.

On le voit, les idées de justice et de charité se concilient nécessairement. La charité ne va pas sans la justice : elle en est le complément, la perfection. On ne saurait être réellement charitable, si l'on n'est juste, et la justice est la première condition de la charité.

III. Idées inconciliables. — *Commenter cette parole de saint Augustin :*
« *On ne peut être l'ami d'un homme sans l'être d'abord de la vérité.* »

— Cette parole de saint Augustin signifie que, si l'on n'aime pas la vérité, on ne saurait être capable d'amitié; que l'amour de la vérité est la condition, la cause, l'origine, le fondement de l'amitié.

Qu'est-ce que la vérité, sinon ce qui est, et qu'est-ce que l'erreur, sinon ce qui n'est pas, c'est-à-dire le contraire de la vérité? Que si l'on n'aime pas la vérité, peut-on aimer quelque chose qui soit, peut-on aimer quelqu'un? On peut croire aimer, mais on n'aime pas; on peut se dire ami, mais on ne l'est pas; on peut chercher le plaisir, la satisfaction de son égoïsme; on ne peut pas aimer, c'est-à-dire se dévouer, se donner. On ne se dévoue pas à l'erreur, au mal, au néant, du moins en tant qu'erreur, que mal, que néant; on se dévoue à la vérité, au bien, à quelque chose qui est.

L'homme qui n'aime pas la vérité, n'aime rien; il est incapable d'aimer.

L'amour est un acte moral, un acte positif, un acte de la volonté; or la volonté est faite pour suivre la raison, c'est-à-dire pour être dans la vérité, pour aimer la vérité, objet commun de la raison et de la volonté.

Que si la volonté n'est plus dans la vérité, ne suit plus la raison et la conscience, ce n'est plus la volonté, et il n'y a plus d'amour possible.

Quelles que soient les apparences, en dehors de la vérité, qui est l'être, qui est le bien, qui est l'ordre, il y a le néant, le mal, le désordre; il y a la perversion des facultés, le retournement de l'homme, le contraire de ce qui est, de tout ce qui doit être; le contraire de la vérité, c'est-à-dire l'erreur; le contraire du bien, c'est-à-dire le mal; le contraire de l'amour, c'est-à-dire la haine; le contraire de l'union, c'est-à-dire la division; le contraire de la vertu, c'est-à-dire le vice; c'est-à-dire qu'il n'y a, et qu'il ne saurait y avoir, que le contraire même de l'amitié.

Le menteur, l'hypocrite, le flatteur, le méchant, par exemple, étant ennemis de la vérité, et la sacrifiant à leurs intérêts, à leurs passions, sont nécessairement ennemis de l'homme, dans la mesure où ils le sont de la vérité, dans la mesure où ils la sacrifient.

Quant à l'homme corrompu, que la révolte des sens aveugle, et dont elle fait une brute, il détruit absolument l'homme en lui-même; comment pourrait-il aimer l'homme? L'amitié unit les hommes dans la vérité et le bien, dans l'estime et l'honneur; en dehors de là, c'est-à-dire dans l'erreur et le mal, dans le mépris et la honte, il y a le contraire de l'amitié; il y a la complicité, la perversion mutuelle.

Quand Bossuet définit l'amitié « une liaison particulière pour nous aider à jouir de Dieu », il dit au fond la même chose que saint Augustin; car Dieu est la vérité même et la source de toute vérité, et jouir de la vérité, c'est jouir de Dieu.

La parole de saint Augustin est donc vraie; l'homme qui n'aime pas la vérité est incapable d'aimer; il ment, s'il dit qu'il aime.

IV. Distinction entre des idées. — *Distinguer ces trois sentiments : le regret, le remords, le repentir.*

— Le regret, le remords, le repentir sont une douleur causée par le mal commis ou éprouvé, par le bien omis ou manqué. Le regret a pour cause un mal quelconque, et peut n'être pas un sentiment moral. Le remords et le repentir naissent toujours du mal moral et sont des sentiments moraux : ils ont pour cause une mauvaise action, une faute, un crime; ils impliquent la notion de responsabilité. Mais le remords est irréfléchi et comme instinctif; il n'implique pas la rectification de la volonté qui fait partie intégrante du repentir.

« Cette tristesse que nos fautes nous causent, dit Bossuet, a un nom particulier et s'appelle le repentir. On ne se repent pas d'être mal fait ou d'être malsain, » on le regrette; « mais on se repent d'avoir mal fait : de là vient aussi le remords. »

On regrette un accident fâcheux; on regrette d'avoir été contre ses intérêts, d'avoir manqué une bonne affaire, d'avoir commis une maladresse ou une imprudence : on a été malheureux ou malavisé. On a du remords, on se repent d'avoir transgressé la loi, d'avoir manqué à son devoir : on a été coupable. Un homicide involontaire, résultat d'une action dont on n'a pu prévoir qu'il serait la conséquence, est un malheur et non pas un crime; il inspire des regrets; il ne produit pas de remords ni de repentir. Un fou qui revient à la santé éprouve du regret du mal qu'il a fait pendant sa maladie; il n'en éprouve pas de remords ni de repentir.

Remarquons que lorsque le mot « regret » indique la douleur d'avoir mal agi, d'avoir agi contre le devoir, il est employé abusivement pour remords et repentir; c'est alors un terme faible.

Jusqu'ici, pour les distinguer du regret, nous n'avons considéré que les idées communes au remords et au repentir; voyons celles par où ils diffèrent.

Le remords est une douleur forcée et vengeresse; il n'expie rien, ne répare rien, ne réhabilite pas. Le repentir est une douleur volontaire et salutaire; il expie, répare, réhabilite. Celui qui a du remords souffre une punition sans avoir peut-être le dessein de changer de conduite; celui qui se repent déteste ce qu'il a fait, est résolu à le réparer, à rentrer dans la bonne voie.

Le remords naît de lui-même, nous le subissons; il peut se trouver dans l'âme d'un criminel endurci, bien décidé à poursuivre comme il a commencé. « Heureux si je puis, dit Mathan dans *Athalie*,... à force d'attentats perdre tous mes remords ! » — Le repentir est une expiation acceptée et voulue; c'est le remords accepté, a dit Mme Swetchine. Il se trouve dans l'âme qui condamne le passé et se propose de le réparer. Ganelon, dans la *Fille de Roland*, est un bel exemple de remords accepté et expiatoire. — Le remords est un tourment importun dont on voudrait être délivré; le repentir est une tristesse dans laquelle on se complaît et qu'on entretient.

Les mêmes qualificatifs ne peuvent s'appliquer au remords et au repentir : on dit du remords qu'il est plus ou moins cruel; on ne le dit pas du repentir, qui adoucit la peine, qui console; on dit du repentir qu'il est plus ou moins sincère, on ne le dit pas du remords.

David et Antiochus éprouvaient l'un et l'autre du remords et montraient du repentir. Le repentir était sincère chez le premier; chez le second, il ne l'était pas. C'est de ce faux repentir que La Rochefoucauld donne la définition suivante, qu'il a le tort de trop généraliser : « Notre repentir n'est pas tant un regret du mal que nous avons fait qu'une crainte de celui qui nous en peut arriver. »

Le remords ne fait que troubler la tranquillité; le repentir fait revenir à soi ou porte à quitter une résolution, un projet, un genre de vie.

Le repentir fait cesser le remords, et le remords peut faire naître le repentir : « La première des grâces prévenantes est le remords qui mène au repentir. »

(Bossuet.)

V. Idées à réfuter. — *Réfuter cette maxime : « La patrie est là où l'on est bien[1]. »*

— Cette maxime est la négation du patriotisme. Que deviennent, en effet, avec elle, le dévouement, le sacrifice, l'abnégation, qui sont l'essence de l'amour de la patrie?

Ils n'existent pas évidemment.

Que devient même l'idée de patrie? La patrie, c'est la terre des pères, des ancêtres. Dire que la patrie est là où l'on est bien, c'est dire qu'elle peut être partout, qu'elle n'est, à vrai dire, nulle part; c'est dire qu'il n'y a pas de patrie, qu'il n'y a que le bien-être.

De plus, si on presse un peu cette maxime, on verra que non seulement elle est la négation de la patrie et du patriotisme, mais aussi du devoir, sans lequel l'homme n'est plus un être moral. Elle place, en effet, le bien-être avant tout, au-dessus de tout, comme si le plaisir, non le devoir, était la loi de la vie. Elle équivaut à cette autre maxime : « Le plaisir prime le devoir. » Ce qui revient à dire qu'elle supprime ce dernier et le remplace par le plaisir. C'est la morale d'Épicure, la morale de ceux qui renoncent à vivre moralement, c'est-à-dire à s'inspirer, dans leur conduite, de l'idée et du sentiment du devoir. « Les épicuriens, dit Cicéron, n'ont pas le droit de parler de vice ni de vertu. »

On sait quel fut, chez les Romains, l'effet de cette morale qui ravale l'homme au niveau, ou plutôt au-dessous de l'animal; elle est signalée par Montesquieu comme une des causes principales de leur décadence.

L'histoire nous apprend que les peuples esclaves du plaisir sont incapables de vertu. Leurs mœurs se corrompent; ils périssent misérablement, comme ils le méritent. Dévorés au dedans par les passions viles, sensuelles, égoïstes, malveillantes, ils sont sans force contre les attaques du dehors; ils disparaissent et font place à des peuples nouveaux, pour qui la patrie n'est pas là où l'on est bien; pour qui dévouement, sacrifice, abnégation, patriotisme, ne sont pas de vains mots; pour qui la loi de la vie n'est pas le plaisir, mais le devoir, la vertu, l'honneur : toutes ces forces morales qui font la grandeur des peuples comme des individus, et qui les rendent dignes de vivre et de compter dans les destinées providentielles de l'humanité.

---

[1] Voir dans Fénelon, *Dialogues des Morts* (Ulysse et Grillus), une expression plus concrète de cette maxime : « La patrie d'un cochon se trouve partout où il y a du gland. » — La maxime à réfuter confond le monde physique, soumis à des lois nécessitantes, et le monde moral et social, soumis à des lois obligatoires.

CHAPITRE III

RELATIONS ET APPLICATIONS DE LA PHILOSOPHIE

I. — PHILOSOPHIE ET PÉDAGOGIE

La Philosophie doit pénétrer et inspirer tout l'enseignement. L'enseignement ne vaut que par les idées qu'il suggère ou qu'il communique.

Le maître ne le donne pas bien, c'est-à-dire n'éclaire pas les intelligences et ne les rend pas actives, s'il n'explique pas les choses par leurs raisons (principes, causes, lois); s'il ne montre pas comment s'enchaînent les idées, les êtres ou les faits particuliers pour former des ensembles ou des systèmes; s'il ne domine pas les détails par des vues générales; ce qui revient à dire : s'il n'a pas l'*esprit philosophique*.

L'enfant ne reçoit pas bien l'enseignement donné, c'est-à-dire ne se forme pas, ne comprend pas la portée des choses et leur liaison, si on ne l'habitue pas à se rendre compte de tout par l'observation et la réflexion, par l'application des principes directeurs de la raison; si l'on ne l'exerce pas à se tenir en garde contre les préjugés, les préventions et les passions, qui sont des sources d'aveuglement et d'erreur; en un mot, si l'on n'éveille pas en lui l'*esprit philosophique*.

Les sciences, par exemple, n'apparaissent à l'esprit que comme des séries ou des catégories de faits et de lois, d'êtres et de types, si, par l'esprit philosophique, on n'en domine pas les détails, les conditions, les rapports; si on ne montre pas, en tout, comment on va du particulier au général, des effets aux causes, des faits aux lois, des conséquents aux antécédents; comment, par quels procédés, par quelles méthodes, on arrive à dégager et à formuler les lois et les types, c'est-à-dire les rapports constants qui permettent d'envisager sous une seule idée, soit des phénomènes qui se succèdent (lois), soit des caractères qui coexistent dans des êtres semblables (types).

L'histoire n'est éducative que par les lois générales, que si elle est une école d'expérience, une sorte de psychologie, de logique et de morale appliquées; si elle fait voir les effets dans les causes, les fins dans les moyens qui y conduisent ou qui les préparent, les actes dans les facultés qui les produisent, dans les motifs qui les inspirent, dans les qualités et les défauts dont ils découlent; si elle constate, vérifie, met en évidence, soit pour les individus, soit pour les collectivités et les peuples, les sanctions du bien et du mal, du vice et de la vertu, dès ce monde même; car il y a des sanctions terrestres, insuffisantes sans doute pour les individus, mais non pour les peuples, qui n'ont d'existence qu'ici-bas.

« C'est à l'entrée du professorat, dit M. Fouillée, qu'on devrait écrire : *Nul n'entre ici, s'il n'est philosophe.* Si l'on disait que la grammaire, par exemple, pour être bien enseignée, devrait l'être par un philosophe, on aurait l'air d'énoncer un paradoxe, et on dirait une vérité; car il faut vraiment dominer la grammaire pour la bien faire comprendre, la rendre intéressante, en faire saisir la logique, alors même qu'elle semble illogique. Et si on disait que les sciences particulières, comme la chimie et la géologie, seraient mieux enseignées par des esprits philosophiques, si même on prétendait que, pour renouveler l'enseignement, il suffirait de confier toutes les classes à des professeurs munis d'une forte culture philosophique, en même temps que de leurs connaissances spéciales, le paradoxe ne serait encore qu'apparent...

« Pour apprendre à enseigner, à élever les jeunes gens, la première et la plus essentielle des conditions, c'est de donner aux maîtres l'esprit philosophique; c'est de les intéresser, par cela même, aux études philosophiques, morales et sociales.

« Si la psychologie, la logique et la morale n'éclairent pas les choses de l'éducation, qu'est-ce donc qui les éclairera? Celui pour qui une âme humaine n'est pas lettre close, celui qui s'est familiarisé avec les méthodes inductives et déductives et avec la philosophie des sciences, celui enfin qui a étudié et les ressorts et les règles de la conduite, celui-là, oui ou non, sera-t-il mieux préparé au rôle d'éducateur, ou même simplement de professeur, que celui qui se sera, dès le début, cantonné dans un ordre spécial de recherches, ne voyant plus rien au delà et mesurant tout l'horizon à l'étroitesse de son champ visuel? Il ne suffit pas de savoir beaucoup, pour savoir enseigner ce qu'on sait, et l'excès même de la science ou de l'érudition y peut nuire. Quel est le grand art en fait d'enseignement, comme en fait de style? *Savoir se borner.* Or le zèle emporte toujours celui qui sait beaucoup à dire tout ce qu'il sait; noble zèle, mais non profitable. Si l'on veut enseigner les sciences, la littérature, l'histoire, à des jeunes gens, il faut se placer assez haut pour éprouver, à l'égard des détails, une sorte de détachement : un philosophe, à coup sûr, en serait généralement plus capable qu'un pur spécialiste. » (A. FOUILLÉE, *l'Enseignement au point de vue national*, l. V, ch. vi.)

Sans la philosophie, en effet, l'érudition n'est qu'une espèce d'ignorance encyclopédique. La philosophie tend à la culture des facultés plus qu'au savoir et à l'érudition. Convaincue que « la direction de notre esprit importe plus que son progrès »[1], elle emploie

---

[1] JOUBERT, *Pensées*, ch. XIX.

la science à faire avancer l'esprit plus que l'esprit à augmenter la science; elle enseigne les choses, non pour elles-mêmes, mais pour la formation de l'intelligence; elle constitue le fond de l'éducation qu'on appelle *libérale;* car elle libère un peu de tout ce qui asservit et enserre l'âme : l'ignorance, l'erreur, les préjugés, les préventions, etc.

Le vrai maître, le maître éducateur n'est pas celui qui sait le plus, mais celui qui sait le mieux : celui qui a le plus méthodiquement classé ses connaissances et peut les ramener à un plus petit nombre de principes qui les dominent et d'idées qui les résument; celui qui, voyant l'ensemble et le faisant voir, est capable de synthèse, et ne se perd pas dans le détail des aspects ou des éléments particuliers, vus successivement et, pour ainsi dire, au jour le jour; celui-là est en état de former, comme le veut Montaigne, « des têtes bien faites plutôt que bien pleines... »

On critique justement l'accumulation de connaissances juxtaposées comme les articles d'un dictionnaire, et qui, au lieu de s'éclairer mutuellement, restent étrangères les unes aux autres, partant inutiles. L'esprit philosophique permet de faire communiquer entre elles, sans les confondre, les diverses branches du savoir. Grâce aux principes, qui rayonnent dans tous les sens et portent la lumière dans toutes les directions de la pensée, au lieu de se borner *à l'enchaînement des connaissances de même espèce,* qui est bon et qu'il ne faut pas négliger, il établit la *liaison entre les connaissances d'ordre différent,* ce qui est bien plus instructif et plus propre à former des esprits ouverts et judicieux. « Le but des études, dit Descartes dans sa *Règle première,* doit être de diriger l'esprit de manière qu'il porte des jugements solides et vrais sur tous les objets qui se présentent. »

Remarquons que tous les *procédés d'enseignement* que l'on peut donner, dans une pédagogie, ne sauraient tenir lieu de la culture philosophique. Les sujets de composition proposés dans les différentes académies, pour le brevet élémentaire, montrent que l'on a cette conviction, en ce qui touche l'enseignement primaire. Dans l'enseignement secondaire, on recommande aux maîtres de toutes les classes [1], par le choix de textes de lectures et d'explications, par les sujets de devoirs, par la nature des leçons et des commentaires, par l'inspiration de tout l'enseignement, de faire servir plus expressément les études littéraires et historiques à l'éducation morale.

Si l'on veut obtenir ce résultat,

« Si l'on veut que les professeurs de lettres et de grammaire enseignent la morale et mêlent des réflexions morales à leurs explications grammaticales ou

---

[1] Projet ministériel de réforme de l'enseignement.

littéraires, ce n'est pas la pédagogie qu'il faut leur enseigner, c'est la morale même, et, avec la morale, la psychologie et les principes des sciences sociales. Tant que *tous* les professeurs de lettres ne seront pas, à un certain degré, des philosophes, tant qu'ils n'auront pas présents à l'esprit les grands principes et les grandes applications de la morale privée et publique, ils seront réduits au silence, même devant les textes qui appelleront le plus manifestement le commentaire du moraliste. Tous les cours de pédagogie *ex professo* n'y feront rien. La seule pédagogie, c'est la philosophie. » (A. FOUILLÉE, *Réforme de l'Enseignement par la philosophie*, Conclusion.)

Cette dernière parole de M. Fouillée est à souligner. On se plaint généralement que ce qui manque le plus aux professeurs, c'est de savoir enseigner. On veut qu'ils aient de la pédagogie, et l'on a raison. Mais il ne faut pas perdre de vue que la pédagogie, dans ses principes fondamentaux, est une branche de la philosophie, branche qui tient à l'arbre, et qui est morte, si on l'en sépare ; qu'elle n'est qu'une application à la formation de l'homme des principes et des lois de la psychologie, de la logique et de la morale, principes sans lesquels le professeur est à l'éducateur ce que l'empirique est au médecin : un homme de recettes, de procédés et d'expédients.

En étudiant la philosophie, qui fait connaître l'homme, on saura, par surcroît, l'essentiel de la pédagogie, science de la formation de l'homme ; de la pédagogie vraie, rationnelle, humaine, qui n'aura rien de factice, rien d'artificiel, rien d'arbitraire ; pour qui les procédés seront, non de simples moyens employés au hasard, mais la mise en pratique de principes connus et raisonnés.

II. — PHILOSOPHIE ET RELIGION

Le premier enseignement que la philosophie doit éclairer et pénétrer, c'est l'enseignement de la religion, c'est l'explication du catéchisme.

Le catéchisme, à la fois dogme et morale, est toute une philosophie très sommaire, très abstraite dans son apparente simplicité, et dont les formules risquent d'être mises en oubli et de manquer d'efficacité, si elles ne sont confiées qu'à la mémoire ; si elles ne sont pas rattachées aux idées et aux faits de l'ordre rationnel ou humain qui leur servent de point d'attache et de support ; si elles ne sont pas expliquées à l'entendement et mises en évidence dans la lumière du *bon sens*, qui demeure, selon le mot de Bossuet, « le maître de la vie humaine, » soit que la foi subisse quelque variation ou quelque éclipse, soit qu'elle le complète et le couronne, et en fasse le *sens chrétien*.

La religion s'adresse à tout l'homme; elle demande donc, pour être entendue et enseignée, la connaissance de l'homme, de ses vies, de ses facultés d'ordre sensible et d'ordre moral, et des fins que poursuit son activité, non seulement au point de vue religieux, mais encore aux divers points de vue individuel, moral et social.

Les choses d'ordre surnaturel, qui sont l'objet spécial du catéchisme ou de l'étude de la religion, impliquent, pour être comprises, la connaissance des choses d'ordre naturel, qui en sont la base et sans lesquelles l'ordre surnaturel lui-même ne pourrait être.

Relations de l'ordre naturel et de l'ordre surnaturel. — Il faut distinguer les vertus morales *naturelles*, qui naissent du développement normal des forces de la nature humaine, c'est-à-dire du bon usage de la raison et de la volonté, et les vertus morales *surnaturelles*, qui proviennent de la nature aidée de la grâce.

C'est avec nos facultés naturelles divinisées par la grâce, que nous accomplissons des actes surnaturels. Dieu est à la fois la fin naturelle et la fin surnaturelle de l'homme. L'homme est créé pour connaître, aimer et servir Dieu. On peut connaître, aimer et servir Dieu naturellement ou surnaturellement. Cette formule du catéchisme : *Dieu nous a créés pour le connaître, l'aimer, le servir, et par ce moyen obtenir la vie éternelle,* si l'on fait abstraction des derniers mots, qui signifient la vie des bienheureux dans le ciel, cette formule peut être entendue, soit dans l'ordre moral naturel, soit dans l'ordre moral surnaturel.

L'ordre naturel et l'ordre surnaturel, la raison et la foi, la volonté et la grâce, existent simultanément et doivent être distingués, non séparés ; l'ordre surnaturel implique l'ordre naturel : la foi, la raison ; la grâce, la volonté. « La foi, dit saint Thomas, présuppose la raison, comme la grâce présuppose la nature et la perfectionne. » De même que, sans la *raison* et la *volonté,* il n'y a point d'acte de la vie morale naturelle, de même, sans la *foi* et la *grâce,* il n'y a point d'acte de la vie morale surnaturelle.

La morale naturelle, révélée ou non, ne nous suffit point, parce qu'elle ne nous conduit pas à la fin surnaturelle à laquelle nous sommes destinés. L'homme ayant été créé pour une fin surnaturelle, sa vie doit être ordonnée vers cette fin. Il ne lui est pas permis de s'arrêter à la morale ou religion naturelle; il doit tendre par tous les moyens, naturels et surnaturels, à sa fin surnaturelle. D'autre part, la morale surnaturelle ne nous dispense pas de la morale naturelle, parce que l'ordre surnaturel, comme on l'a déjà dit, implique l'ordre naturel, auquel il s'ajoute et qu'il perfectionne. La morale naturelle et la morale surnaturelle sont donc l'une et l'autre obligatoires; ce sont deux degrés d'une seule morale, la morale révélée, qu'on appelle encore morale chrétienne, évangélique, catholique.

« On ne peut pas se dispenser, dit le Père Monsabré, de vouloir qu'un enfant soit honnête homme; mais l'honnêteté doit servir de support aux vertus caractéristiques de la vie chrétienne. Dieu nous demande plus que l'honnêteté. Il veut que nous soyons des chrétiens, non seulement des chrétiens qui le connaissent et croient en lui, mais des chrétiens qui le servent à *la chrétienne*. Ce n'est pas l'homme probe qui donne la mesure de la moralité de l'Eglise, c'est le saint. Mais, dans le saint, elle cherche tout d'abord l'homme, et, dans les causes de canonisation, elle commence par examiner si les vertus morales ont été pratiquées d'une façon héroïque.

« Il faut donc à l'homme des vertus chrétiennes; il lui faut la prudence, la force, la tempérance, la justice, non pas seulement naturelles ou humaines, mais surnaturelles, c'est-à-dire humaines et divines à la fois. Il lui faut une raison chrétienne : une raison unie à la foi; une volonté chrétienne : une énergie surnaturelle ajoutée à sa propre énergie; une vie chrétienne : une vie humaine et divine tout ensemble, dont le type est Jésus-Christ. La fin de l'homme étant surnaturelle, la foi doit être la première inspiratrice de ses actions. « Le juste, c'est-à-dire le véritable chrétien, vit de la foi, » dit saint Paul. La foi, suivant le mot de Bossuet, « est la raison des chrétiens » [1].

Les notions de morale qui sont indiquées dans les programmes, soit de l'enseignement primaire, soit de l'enseignement secondaire, sont des notions de morale naturelle ou rationnelle. Pourvu qu'on ne les conçoive pas comme exclusives de la morale surnaturelle ou chrétienne, et séparées d'elle comme par une cloison étanche, il est bon, il est même nécessaire de donner ces notions, qui conduisent aux vertus morales naturelles, vertus dont l'ensemble constitue l'honnêteté naturelle, insuffisante sans doute pour le chrétien, mais digne de tous nos respects.

Dans un grand nombre de ses *Encycliques*, Léon XIII parle de ces principes de justice et d'honnêteté naturelle, qu'il faut conserver avec soin. Dans son Encyclique *Humanum genus*, il dit :

« Engagés dans la voie de l'erreur sur les plus importantes questions, les *naturalistes* (ceux qui prétendent qu'en toutes choses la nature ou la raison humaine doit être maîtresse, souveraine et suffisante) sont entraînés et comme précipités par la logique jusqu'aux conséquences les plus extrêmes de leurs principes. Ils ne gardent même plus, dans leur intégrité et leur certitude, les vérités accessibles à la seule lumière de la raison naturelle, telles que sont assurément l'existence de Dieu, la spiritualité et l'immortalité de l'âme...

L'effondrement des vérités qui sont la base de l'ordre naturel et qui importent si fort à la conduite rationnelle et pratique de la vie, aura un contre-coup sur les mœurs privées et publiques. Passons sous silence ces vertus surnaturelles que, à moins d'un don spécial de Dieu, personne ne peut ni pratiquer ni acquérir, ces vertus dont il est impossible de trouver aucune trace chez ceux qui font profession d'ignorer dédaigneusement la rédemption du genre humain, la grâce, les sacrements, le bonheur futur à conquérir dans le ciel; nous parlons simplement des devoirs qui résultent des principes de l'honnêteté naturelle : un Dieu, qui a créé le monde et qui le gouverne par sa providence; une loi éternelle, dont les prescriptions ordonnent de respecter l'ordre de la nature

---

[1] Ces idées sur les relations de l'ordre naturel et de l'ordre surnaturel sont prises dans le *Cours de Philosophie*, par F. J., leçons 8ᵉ et 9ᵉ de la MORALE GÉNÉRALE.

et défendent de le troubler ; une fin dernière, placée pour l'âme dans une région supérieure aux choses humaines et au delà de cette hôtellerie terrestre. Voilà les sources de toute justice et honnêteté. Faites-les disparaître, et il sera impossible de savoir en quoi consiste la science du juste et de l'injuste, ou sur quoi elle s'appuie. » (Encyclique *Humanum genus.*)

« Non seulement l'enseignement de la morale naturelle, fondée sur la raison et la conscience, n'a rien d'opposé à la foi, dit l'abbé de Broglie ; mais il peut, au contraire, être très salutaire pour les chrétiens. Ils reconnaîtront, en effet, que la conscience impose, en bien des points, des obligations aussi rigoureuses que l'Évangile, et ils seront portés à remercier Dieu de leur avoir donné, dans la prière et les sacrements, les secours nécessaires pour obéir à une loi à laquelle ils ne peuvent se soustraire, et dont cependant la volonté se sent impuissante à accomplir les prescriptions ». (DE BROGLIE, *Dieu, la Conscience, le Devoir.*)

Remarquons que, dans l'Évangile, qui est proposé à l'homme comme sa seconde raison, comme le supplément de sa conscience, la morale naturelle et la morale surnaturelle sont constamment juxtaposées ou mêlées. Il n'y a pas de passages où les premiers principes, soit de l'ordre spéculatif, soit de l'ordre moral ou pratique, ne soient rappelés ou formulés. Les maximes et les paraboles qu'il contient sont, pour la plupart, un appel au bon sens, à la rectitude de la raison naturelle. On comprend qu'il en soit ainsi, Jésus-Christ étant la raison éternelle, dont la nôtre est un reflet, « une participation, » comme dit saint Thomas. (Voir, dans le *Cours de Philosophie,* par F. J., la lecture ayant pour titre : *L'Évangile et les premiers principes,* p. 184.)

Application de ces idées. — De ces idées générales, qui montrent les relations nécessaires de la raison et de la foi, par conséquent, de l'enseignement surtout pratique de la philosophie et de celui de la religion, venons-en à indiquer quelques applications de détail. On ne voit vraiment clair dans une théorie que quand on constate comment elle s'adapte aux faits ou les vérifie.

Toute page de catéchisme est un résumé, un plan, un sommaire, qui ne peut être entendu et expliqué qu'à l'aide de notions empruntées à la raison ou à la philosophie. Ces notions ne sont pas suffisantes sans doute, puisqu'il y a des vérités d'un autre ordre ; mais elles sont nécessaires : la théologie présuppose la philosophie, et le catéchisme, des éléments de *bon sens raisonné,* qui sont des éléments de philosophie. Cela est si vrai que, dans tous les catéchismes expliqués, on sent le besoin d'introduire ces notions, en y insistant plus ou moins, suivant les questions que l'on traite ; mais, comme ces notions n'apparaissent là qu'à titre subsidiaire, qu'elles y sont isolées de ce qui les prépare et de ce qui les complète, de ce qui leur donne un sens net et précis en les rattachant à un ensemble, elles n'ont pas sur l'esprit une prise suffisante pour être retenues et rendues vraiment efficaces.

EXEMPLES. — *Les passions.* — Prenons la question des passions, par exemple : Si nous ouvrons une philosophie, nous y trouvons que le mot *passion* a deux sens : l'un purement psychologique, très large, et l'autre, moral et étroit, qui est celui du langage ordinaire.

Au sens psychologique, la passion est un mouvement de l'âme qui poursuit un certain bien ou s'éloigne d'un certain mal, surtout de l'ordre sensible. Dans ce sens, la passion est un mobile, un stimulant de l'activité, qui agit d'abord en nous sans nous, c'est-à-dire sans l'intervention de notre volonté libre, comme le font les appétits, les inclinations et les penchants ; qui est bon ou mauvais, suivant l'usage que l'on en fait, et qu'il faut moraliser sans chercher à le détruire, par exemple : l'amour de soi, l'amour de l'activité, de la liberté, l'amour de la gloire.

Au sens moral, qui est celui de la langue courante, les passions sont des mouvements violents et excessifs de l'âme, qui troublent le jugement, paralysent la liberté et nous entraînent loin du but que la raison nous propose. Ainsi entendues, dans le sens d'excès, d'abus, de déviation, de désordre, elles sont notre œuvre ; elles ne sont pas primitives, comme dans le premier sens, et ne répondent pas à des lois de la nature, comme les appétits, les inclinations et les penchants ; c'est nous qui, au lieu de mettre nos besoins en harmonie avec nos devoirs, au lieu de maintenir nos inclinations et nos désirs sous l'empire de la raison, de les régler, en un mot, et de les discipliner, les laissons s'exalter et se pervertir par l'imagination et la réflexion. Voilà pourquoi nous sommes responsables des actes que nos passions nous font commettre, responsables de nos passions elles-mêmes, pour ne les avoir pas combattues, pour ne les avoir pas empêchées de se former.

Quand on a ces notions, qui ne sont qu'indiquées ici et qui ne sauraient, en général, être suffisamment mises en lumière dans un résumé de catéchisme ou de religion, on comprend mieux les distinctions et les réserves à faire dans l'explication de la doctrine des passions morales ; on est moins exposé à confondre la nature humaine, qui est l'œuvre de Dieu, avec le mal, qui depuis le péché l'altère et la dégrade ; on comprend que toutes les fois qu'on oppose la *nature* à la *grâce* ou à la *raison*, on entend la nature viciée par le péché originel, la nature avec l'ensemble des penchants qui composent l'égoïsme ou la concupiscence, et que cette nature-là, il faut la combattre et la vaincre pour être dans l'ordre.

On comprend aussi que, dans les passions, il y a un fonds qui tient à la nature telle que Dieu l'a faite, un fonds qui est bon, par conséquent, et qu'il ne faut pas chercher à détruire, ce qui serait se mutiler, mais qu'il faut plutôt chercher à développer et à perfectionner. Et comprendre cela, c'est chose capitale dans la direction de la vie. Que d'idées erronées peuvent être évitées par là, qui paralysent ou faussent sur ce point la notion du devoir et l'action morale du perfectionnement de soi-même !

La vertu et le vice. — Prenons une autre question, celle de la vertu et du vice. La vertu se définit : l'habitude du bien ; le vice : l'habitude du mal. Il est évident que l'on traitera cette question d'une façon plus complète et plus pénétrante, si l'on connaît la théorie de l'habitude, si l'on sait sur quels appétits, quelles inclinations, quels penchants, en un mot, sur quel fonds premier d'activité elle se greffe ; si l'on peut dire quelle est sa nature et quelles sont ses lois ; comment elle naît et se développe, comment on l'affaiblit et comment on la fortifie. Ces choses-là, c'est la philosophie qui les enseigne ; on les explique en psychologie et en morale. Et il est bon, il est même nécessaire de s'en servir, quand on aborde la question des vices, des péchés capitaux, par exemple, ou celle des vertus cardinales, qui sont les premières parmi les vertus morales.

La contrition. — S'agit-il de la contrition ? On en donnera aux enfants une idée bien plus exacte, si on les a formés à distinguer la sensation du sentiment et le sentiment de la volonté. Le ferme propos est affaire de volonté, non de sentiment, et le sentiment lui-même, celui du repentir, de la haine du mal et de l'amour de Dieu, naît d'une idée et peut ne pas se traduire par une émotion sensible.

Veut-on montrer, de même, les dangers du scandale, des mauvaises lectures, des mauvais exemples, on sera d'autant mieux armé qu'on pourra s'appuyer plus solidement sur les lois psychologiques, sur la force des idées et des images, de l'imitation, etc.

Les mêmes remarques sont à faire à propos de la *vie* et des *vies* qui sont en l'homme, de la *conscience*, des *motifs* ou *mobiles* d'action, de la *tentation, du devoir* et du *droit*, des *sanctions;* à propos des notions de *cause, effet, nature, essence, substance, accident, mode,* qui reviennent souvent dans le catéchisme, et que la philosophie explique, en les rattachant à d'autres notions, qui les éclairent et en déterminent le vrai sens.

Ces exemples nous paraissent suffisants pour montrer de quel secours peut être la philosophie dans l'exposition raisonnée des vérités religieuses. Pour traiter à fond cette question, il faudrait donner des développements que ne comporte pas ce travail.

Remarquons encore cependant que l'adhésion réfléchie aux vérités révélées est impossible sans le travail antérieur de la philosophie. Cette adhésion ne serait pas raisonnable, si elle ne reposait pas sur des motifs de croire, si notre esprit n'était pas persuadé qu'il faut admettre ces vérités. L'examen préalable des motifs de crédibilité, qui conditionne l'acte de foi, est tout entier du domaine de la philosophie. Il faut que l'esprit soit préparé à recevoir la lumière divine, à vibrer sous l'action immédiate de Dieu. Les conclusions rationnelles nous conduisent au seuil de l'ordre surnaturel, ou plutôt ouvrent aux vérités surnaturelles la porte de notre esprit, et c'est pourquoi saint Augustin nous dit que la philosophie engendre la foi.

« Le motif même pour lequel nous adhérons aux vérités révélées requiert dans nos âmes les assises de la philosophie et suppose le travail de la raison. Nous adhérons aux dogmes religieux à cause de l'infaillible autorité de Dieu. Mais cela suppose que Dieu existe, et que nous croyons à son existence, à son infaillibilité; il n'y a pas à parler de *révélation, d'autorité divine,* si par hypothèse Dieu n'existe pas. La révélation est basée sur l'existence de Dieu. Or l'existence de Dieu ne peut être démontrée, en l'occurrence, que par la raison; car elle est une donnée antérieure à la révélation, et dès lors on ne pourrait l'appuyer sur cette révélation sans tourner dans un cercle. C'est là, du reste, le procédé sanctionné par l'Église. La tâche du philosophe chrétien et de l'apologiste consiste donc à chercher si Dieu, dont la raison lui a démontré l'existence et l'infaillibilité, a parlé à l'humanité. Il va ainsi de la philosophie au dogme révélé, ou, si l'on veut, la philosophie est comme la base sur laquelle vient reposer la révélation. » (ERMONI, *Philosophie et dogme,* dans la *Quinzaine* du 16 septembre 1902.)

Nous ne saurions mieux terminer cet article qu'en citant d'abord le conseil que donne le cardinal Bourret à la fin de son approbation du *Cours d'instruction religieuse,* publié par l'Institut des Frères des Écoles chrétiennes :

« Donnez à vos légions d'élèves cette doctrine substantielle et élevée; faites-en des *hommes* par l'étude de la *philosophie du bon sens;* faites-en des *chrétiens* vigoureux et éclairés par l'acquisition de la science de Dieu...: »

Puis le passage suivant de l'Encyclique *Inscrutabili*, où Léon XIII, montrant que l'éducation chrétienne est plus nécessaire que jamais, à notre époque, dit :

« Qu'il faut travailler ardemment à ne pas s'écarter de la foi catholique dans l'enseignement des lettres et des sciences, et en particulier de la philosophie, de laquelle dépend en grande partie la vraie direction des autres sciences, et qui, loin de tendre à renverser la divine révélation, se réjouit au contraire de lui aplanir la voie et de la défendre contre ses assaillants, comme nous l'ont enseigné, par leurs exemples et leurs écrits, le grand Augustin et le docteur angélique, et tous les autres maîtres de la sagesse chrétienne. »

III. — PHILOSOPHIE ET ÉDUCATION

Dans la Préface de sa *Philosophie*, l'abbé Rambaud s'exprime ainsi :

« Si nous considérons la vie, nous verrons qu'elle se compose pour nous de deux parties très distinctes. La première, celle qui nous frappe le plus, c'est la partie extérieure, c'est-à-dire le travail exercé par chacun, selon sa position : les uns sont menuisiers, forgerons, tisseurs, joailliers ; les autres sont écrivains, journalistes, fonctionnaires publics, etc. La seconde est la vie intérieure, la vie morale, c'est-à-dire la vie résultant des idées et des sentiments, et cette vie intérieure est celle qui seule nous rend capables d'exercer tous ces états particuliers et de les exercer avec succès, honorablement et honnêtement, c'est-à-dire en hommes intelligents, comprenant ce qu'ils font, connaissant leurs obligations, ne manquant à aucun de leurs devoirs, soit comme père ou mère, fils ou fille, soit comme citoyens d'un pays, ouvriers ou industriels, etc.

« Et cette seconde partie de la vie est si importante que le plus grand génie du monde ne serait qu'un être bien imparfait, s'il l'ignorait, tandis qu'un simple manœuvre est un homme admirable, s'il en remplit tous les devoirs. On peut dire qu'avant d'apprendre à l'enfant le métier ou la fonction qu'il doit remplir dans le monde, on doit d'abord lui apprendre le métier qui gouverne tous les autres, le métier d'homme, et on apprend ce métier précisément par la philosophie, entendue comme nous l'avons dit plus haut. »

Et la philosophie, telle que l'entend l'auteur de ces lignes, n'est pas la discussion des systèmes, ou la recherche des grandes vérités premières, mais une philosophie qui, se contentant de nous apprendre ce qu'est notre nature intelligente et libre, et ce que sont *vérité* et *erreur*, *bien* et *mal*, nous rende capables de distinguer le vrai du faux et le bien du mal, dans tout ce que l'homme peut connaître et dans ce qu'il peut faire.

« Entendue ainsi, elle est la plus indispensable des sciences ; non seulement elle devient le guide de notre conduite dans les choses qui touchent à la vie publique et privée ; mais elle est encore une partie essentielle de tout enseignement sérieux de la religion ; elle n'est pas la religion elle-même, mais elle en est l'introductrice ; elle n'est pas le temple, mais elle en est le vestibule : car la foi suppose la raison. » (*Id.* Préface.)

Et dans l'éducation chrétienne, celle dont il est surtout question ici, la foi et la raison doivent être développées simultanément, bien qu'il faille, quand il y a lieu, distinguer leur domaine respectif. Le chrétien implique l'homme. Vouloir élever le chrétien sans faire en même temps, ou tout d'abord, l'homme en lui, serait vouloir bâtir en l'air ou greffer sans sauvageon. Mais faire l'homme, qu'est-ce, sinon développer en lui ce qui constitue sa nature d'homme? Or, pour le distinguer de l'animal, dont le principe naturel d'activité est l'instinct, on le définit par son propre principe naturel d'activité : animal raisonnable [1]. C'est la vérité qui fait la raison, comme c'est la raison qui fait l'homme (LACORDAIRE). La foi, sans doute, la complète et la couronne; mais elle la suppose d'abord, et saint Augustin demande que l'on soit plus chrétien pour être plus homme.

C'est donc de l'éducation de la raison que nous allons nous occuper ici, mais en montrant d'abord que l'éducation de la raison ne va pas sans celle du sentiment, et qu'il faut, non les séparer, mais les faire ensemble et simultanément.

Règle fondamentale de la pédagogie : *L'éducation de la raison et l'éducation du sentiment doivent se faire ensemble et simultanément.* — Une vérité trop souvent oubliée ou trop méconnue, et qui doit être la règle fondamentale de toute pédagogie, c'est que l'éducation de la raison et l'éducation du sentiment s'impliquent et sont une seule et même chose; qu'elles ne sauraient se faire qu'ensemble et simultanément; qu'il y a entre la raison et le sentiment un lien réciproque de cause à effet, et que, séparer ces deux facultés l'une de l'autre, c'est les fausser l'une et l'autre. Le sentiment intervient et se manifeste dans tout exercice normal de la raison. La raison n'est pas complète, elle est affaiblie, elle est mutilée et faussée sans le cœur ou le sentiment. La raison totale, c'est la raison unie au cœur.

Il y a solidarité profonde, intime, entre le cœur ou la volonté et la raison. Tour à tour ou simultanément cause ou effet l'une de l'autre, ces deux facultés ne sont vraiment elles-mêmes que si elles sont unies. On n'est capable de sentiment que dans la mesure où l'on est capable de raison, et réciproquement. La raison sans le cœur est impuissante et ne saurait agir, et le cœur sans la raison n'est plus le cœur, le sentiment, mais la passion aveugle.

« Il y a des raisons, dit Pascal, que la raison ne connaît pas. » Entendons ici la raison isolée, c'est-à-dire la raison incomplète, mutilée, faussée. Il y a des vérités, et ce sont les plus essentielles, les

---

[1] C'est le mot de saint Thomas : « La raison est le principe naturel d'activité de l'homme. »

plus profondes, que la raison abstraite, purement spéculative, la raison séparée du cœur, ne saurait comprendre, par exemple les vérités morales. En est-il même, dans n'importe quel ordre, qu'elle puisse comprendre, dans le sens plein du mot, sans le sentiment [1]? Qu'est-ce qu'une idée, une pensée qui n'est pas sentie? C'est une idée, une pensée incomplète, insuffisante, c'est-à-dire qui n'est pas conçue par l'âme tout entière et qui ne va pas à l'âme. L'âme n'est pas seulement un être qui voit, qui connaît; c'est un être qui veut, et qui ne voit et ne connaît que parce qu'il veut et pour qu'il veuille. La raison est pour le cœur, l'idée pour le sentiment. C'est le cœur, c'est le sentiment qui est leur raison d'être, en même temps qu'il les complète et les couronne.

« Les grandes pensées viennent du cœur, » c'est-à-dire de la raison totale, de la raison unie au cœur, fortifiée, agrandie par le cœur. Le cœur en tant que cœur ne pense pas; il n'est pas le siège de la pensée, mais du sentiment. Les grandes actions, les grandes vertus, les grandes œuvres viennent aussi du cœur, comme les grandes pensées. Rien de grand ne se fait sans un grand cœur, que par un grand cœur, et plus on sent, plus on veut raisonnablement, fortement et longuement, plus on peut.

Ainsi, « le sentiment, comme dit Claude Bernard, sera toujours le premier moteur des actes humains ». Il n'y a pas à craindre que la science, qui naît de lui, qui ne subsiste et ne progresse que par lui, puisse le supprimer [2].

Le principe naturel d'activité de l'homme, c'est la raison sans doute : l'homme n'agit en homme que s'il agit raisonnablement. La raison est sa loi; c'est elle qui l'éclaire, le dirige, le guide, et non le cœur ou la volonté. La volonté, le cœur, le sentiment, c'est le pouvoir exécutif; le pouvoir législatif, c'est la raison. Il s'agit ici de toute la raison, de la raison unie au cœur, puisqu'il y a des raisons que la raison séparée du cœur ne connaît pas, ne comprend pas.

Pour agir, il faut connaître, et c'est la raison qui connaît; mais c'est le sentiment qui fait agir, qui met en mouvement tout l'être,

---

[1] « C'est une source inépuisable d'illusions et d'erreurs, dans la pratique, que la foi aveugle dans « la puissance des idées. » (RIBOT.)

« Une idée qui n'est qu'une idée, un simple fait de connaissance, ne produit rien, ne peut rien; elle n'agit que si elle est sentie, s'il y a un état affectif qui l'accompagne, si elle éveille des tendances, c'est-à-dire des éléments moteurs. » (FONSEGRIVE, *l'Éducation du sentiment*, *Quinzaine* du 16 mars 1903.)

« L'homme de science doit être plus et mieux qu'un simple intellectualiste. Pour pénétrer au cœur d'une doctrine, bien plus encore que la disséquer rigoureusement en logicien, il faut la contempler amoureusement en poète. » (R. D'ADHÉMAR, *la Science et l'Intellectualisme*, *Quinzaine* du 16 décembre 1902.)

[2] La pensée entière de Claude Bernard est celle-ci : « La science ne saurait rien supprimer; le sentiment n'abdiquera jamais; il sera toujours le premier moteur des actes humains. »

même la raison [1]. Pour agir, *il faut sentir*, désirer, aimer, vouloir. Ce qui est absolument inconnu, ignoré, insoupçonné, n'inspire pas le désir, il est vrai; mais c'est le désir qui met l'être actif en mouvement vers l'objet connu, soupçonné, supposé, pressenti.

La philosophie traditionnelle, celle de saint Thomas, de Pascal, de Bossuet, qui n'admet que deux facultés morales, la raison et la volonté : la raison, *principe de vision*, de connaissance, et la volonté, *principe d'impulsion*, de mouvement, d'action, définit celle-ci : *l'inclination vers le bien connu par la raison;* en deux mots : *l'appétit rationnel.*

Ainsi définie, c'est la sensibilité morale, c'est le *sentiment* entendu dans son sens vrai et précis, qui le distingue absolument de la sensation, inhérente aux inclinations sensibles désignées sous le nom d'*appétit sensitif*, appétit commun à l'homme et à l'animal, tandis que l'appétit rationnel est propre à l'homme. L'appétit sensitif est aussi un moteur des actes humains, mais un moteur d'ordre inférieur, et qui doit être, chez l'homme, sous l'empire de la volonté raisonnable. Le premier, comme dit Claude Bernard, le plus noble, celui que l'animal non raisonnable ne possède pas, qui est propre à l'homme et répond à la dignité de sa nature, c'est le cœur, c'est l'appétit rationnel ou volonté, c'est le sentiment.

Il suffit d'être attentif à ces idées simples et tout à fait élémentaires pour voir avec évidence que la raison et le sentiment s'impliquent, qu'ils ne sont plus eux-mêmes, si on les sépare; que ce que l'on nomme *intellectualisme*, par exemple, n'est qu'un état anormal de l'âme provenant, dans la pratique, de l'oubli de ces idées. Il en est de même du *sentimentalisme* et du *dilettantisme*.

Concluons que la vraie pédagogie ne doit pas séparer le sentiment de la raison, ni la raison du sentiment, ni l'instruction de l'éducation proprement dite; que les programmes, les procédés, les méthodes, doivent tenir compte de ce fait et s'en inspirer, à savoir : que l'éducation de la raison et l'éducation du sentiment doivent être simultanées.

Raison et éducation. — Faire l'éducation d'un enfant, c'est-à-dire former son cœur ou sa volonté, lui inspirer l'amour du bien et la haine du mal, lui enseigner la vertu « qui est l'habitude de vivre selon la raison » (BOSSUET); le rendre juste, bon, généreux, dévoué;

---

[1] On l'a déjà vu plus haut (ch. 1, § II) : L'intelligence ou la raison est de sa nature simplement perceptive et contemplative. Un être qui ne serait qu'intelligent ne rechercherait jamais la vérité; il se bornerait à l'apercevoir, si elle se présentait à lui. Dans ce que l'on appelle travail d'esprit, c'est le désir et la volonté qui tendent et font effort. Cela revient à dire que c'est le sentiment et que, si l'homme ne sentait pas, il ne se livrerait à aucun travail d'esprit.

en faire un honnête homme et un homme de bien, tout cela, c'est au fond développer en lui la raison, mais la raison totale, la raison unie au cœur ou à la volonté, la raison qui est à la fois lumière et chaleur, idée et sentiment, conviction et persuasion.

L'amour et la pratique du bien en supposent la connaissance. Le cœur et la volonté doivent suivre la raison : c'est l'ordre. Le cœur doit aimer, la volonté doit poursuivre le bien connu par la raison. Plus on connaît le bien, et plus on peut, plus on doit l'aimer et l'accomplir. En disant que « le bon sens doit être le maître de la vie humaine », Bossuet entend bien nous enseigner que l'honnêteté des sentiments et des actes ne se sépare pas de la justesse des idées. La connaissance, dans une âme ordonnée, dans une âme conséquente avec elle-même, se traduit toujours en acte. Savoir pour savoir, savoir pour jouir est vain; savoir pour pouvoir, savoir pour agir est raisonnable. La vérité connue et non pratiquée devient ténèbres; elle aveugle au lieu d'éclairer; c'est ce que Bossuet exprime en ces termes : « Malheur à la connaissance stérile, qui ne se tourne pas à aimer et se trahit elle-même! » Ce qui revient au mot de l'Évangile : « Il faut faire la vérité pour arriver à la lumière. »

Culture de la raison. — Joubert nous dit qu' « *il faut rendre les enfants raisonnables, mais non les rendre raisonneurs* ».

— Excellent précepte, qui indique ce qu'il faut faire et ce qu'il faut éviter dans la culture de la raison.

Et d'abord, ce qu'il faut faire. — Qu'est-ce que rendre l'enfant raisonnable? C'est évidemment lui apprendre à distinguer sa raison de ses sens, de son imagination, de ses instincts; c'est le former à la tenir en éveil et à l'exercer à propos de tout, c'est-à-dire l'habituer à se rendre compte des choses, à en chercher le pourquoi et le comment, la nature, l'origine, les moyens, la fin, les causes et les effets, les conditions, les rapports; c'est l'instruire, le tirer de l'ignorance, le garder de l'erreur; c'est lui faire discerner le vrai du faux, le bien du mal, le beau du laid, c'est-à-dire lui former le jugement, la conscience, le goût; c'est l'habituer à penser, à parler, à agir par raison, à conformer sa volonté à sa raison, à aimer le vrai, le bien, le beau; à détester le faux, le mal, le laid; à s'inspirer dans toute sa conduite de l'idée et du sentiment du devoir, et non de la passion, du plaisir, de l'intérêt; ou du moins à ne s'en inspirer qu'en les subordonnant au devoir; à dominer par la volonté raisonnable toutes les forces aveugles qui sont en lui et à les employer au service du bien ou du devoir, à l'accomplissement de sa destinée morale.

Rendre l'enfant raisonnable, cela revient donc à dire qu'il faut le rendre homme, l'élever de la vie des sens ou vie animale à la vie de la raison ou vie morale, ou vie humaine proprement dite; en d'autres termes, rendre l'enfant raisonnable, c'est faire son éducation, c'est lui enseigner à distinguer pratiquement sa raison de tout ce qui n'est pas elle, à en faire une force libre, indépendante de tout ce qui est au-dessous d'elle et qu'elle doit dominer; à la respecter, en soi et dans les autres; à en faire usage dans la conduite de la vie; à y conformer ses pensées, ses sentiments, ses actes; c'est lui enseigner à garder la dignité de sa nature, à rester dans l'ordre, à tendre à sa fin par toutes les ressources dont il dispose, par tous les dons que Dieu lui a faits, par le respect de tous les droits et l'accomplissement de tous les devoirs.

Voilà ce qu'il faut faire pour rendre l'enfant raisonnable.

Et maintenant, qu'est-ce que le rendre raisonneur, ou plutôt, puisqu'on ne doit pas le faire, qu'est-ce que l'enfant qu'on a rendu ou qui s'est rendu lui-même raisonneur ?

L'enfant qu'on a rendu ou qui s'est rendu lui-même raisonneur est celui qui ne fait pas usage, mais abus de la raison; qui, habituellement aveuglé par l'égoïsme, c'est-à-dire par la passion, le plaisir ou l'intérêt, par les illusions de l'imagination et des sens, déraisonne au lieu de raisonner, confond le vrai et le faux, le bien et le mal, le beau et le laid, suivant les mobiles très divers et très variables qu'il peut avoir; qui juge et se règle par ses impressions et ses sensations, au lieu de juger et de se régler par la vérité et la justice, par la raison et la conscience ; qui, au lieu de se rendre aux raisons qu'on lui donne ou d'en présenter de bonnes, imagine des prétextes ou des excuses ; qui ne veut pas voir la vérité chaque fois qu'elle le condamne ; qui ne reconnaît pas ses défauts et ses fautes; qui ne peut souffrir qu'on les lui montre, qu'on l'en avertisse, qu'on l'en reprenne; qui s'en défend et réplique incessamment, quand on le fait; qui, par de mauvais raisonnements, par des sophismes, s'efforce de se donner le change et de le donner aux autres, se mettant ainsi dans l'impossibilité de se réformer et de se former, de faire, en un mot, son éducation et de devenir un homme.

On le voit, on ne peut être raisonnable qu'à la condition de n'être pas raisonneur, et le devoir d'empêcher les enfants de devenir raisonneurs est tout aussi impérieux que celui de les rendre raisonnables.

« *Le vrai homme*, dit Bossuet, *est celui qui peut rendre bonne raison de sa conduite,* » c'est-à-dire celui dont la conduite est constamment raisonnable; qui peut en donner les motifs et les justifier; qui sait pourquoi il agit et qui agit toujours en subordonnant les motifs secondaires d'action au seul motif digne de l'homme et méritoire, le motif du devoir.

« Le contraire d'agir par devoir, dit encore Bossuet, c'est d'agir par passion ou par humeur. Agir par humeur entraîne toute sorte d'irrégularité, d'inconstance, d'inégalité, de bizarrerie, d'injustice, d'étourdissement dans la conduite. N'eût-on qu'un cheval à gouverner et des troupeaux à conduire, on ne peut le faire sans raison : combien plus en a-t-on besoin pour mener les hommes! » (*Politique tirée de l'Écriture sainte.*)

Importance de la suggestion dans la culture de la raison et des sentiments.

— On a dit que l'art de conduire les enfants, et surtout les jeunes gens, consiste avant tout à les supposer aussi bons que l'on souhaiterait qu'ils fussent. Que faut-il penser de cette assertion?

Elle est juste.

Il suffit, en effet, bien souvent, de dire ou de laisser croire à des enfants, à des jeunes gens, qu'on leur suppose telle ou telle bonne qualité, pour qu'ils s'efforcent de justifier cette opinion. Au contraire, leur supposer des sentiments mauvais, c'est souvent les leur inspirer; croire à la méchanceté de quelqu'un, c'est en général le rendre plus méchant qu'il n'est. « Il faut croire au bien, a dit de Bonald, pour pouvoir le faire; » il eût pu ajouter : et y faire croire, pour pouvoir le faire faire.

Il faut donc, en éducation, présupposer la bonté et la bonne volonté, non la méchanceté et la mauvaise intention. Un enfant, par exemple, a commis une action répréhensible; faut-il, en le blâmant, interpréter l'action dans son sens le plus mauvais? Non; car supposer le vice, c'est souvent le produire. Il faut, au contraire, dire à l'enfant, —

et presque toujours on sera dans le vrai, parce qu'il est trop inconscient, en général, pour avoir eu une intention tout à fait perverse, — il faut lui dire : « Vous n'avez pas voulu faire cela; mais voici à quoi votre acte eût pu aboutir; voici comment, si on ne vous connaissait pas, on eût pu l'interpréter. »

Des instincts plus ou moins mauvais s'éveillent nécessairement dans le cœur d'un enfant à tel ou tel moment de son existence; faut-il lui en donner la formule? Non; car par là même on les fortifierait et on les pousserait à passer dans les actes. Quelquefois même on les créerait. Autant il est utile de rendre conscients d'eux-mêmes les bons penchants, autant il est dangereux de rendre conscients les mauvais, quand ils ne le sont pas encore.

Comment il faut faire appel à la raison chez les enfants. — Il faut y faire appel en les provoquant à appliquer les premiers principes, toutes les fois que l'occasion s'en présente.

Ce qu'est un principe. — « Un principe, a-t-on dit, c'est du savoir en puissance, c'est de la connaissance en germe. La science est dans le principe, comme le mouvement dans le ressort et dans la vapeur, comme la scène du monde dans le soleil qui nous la révèle. Et quand le principe est tout à fait universel et absolu, c'est un soleil qui peut envoyer des clartés dans toutes les directions et qui fait le jour dans toutes les régions du vrai. » (P. COCONNIER, *la Science catholique*, n° 1.)

Par exemple, ces deux principes : « *On ne donne que ce que l'on a, tout effet ou tout fait a sa cause proportionnée,* » sont vrais partout, vrais toujours, vrais en tout ordre de choses, et il suffit de se les rappeler pour réfuter d'un mot les propositions suivantes, qui résument tant d'erreurs ou de faux systèmes :

> « On trouve dans l'effet ce qui manque à la cause,
> Du mouvement fatal jaillit la liberté,
> L'amour est le reflet d'une insensible essence,
> De l'aveugle matière éclôt l'intelligence,
> Et de l'impersonnel, la personnalité. »

Principe d'identité. — On rencontrera, par exemple, ces formules : *un ami est un ami, ce qui est promis est promis;* on montrera que c'est le principe d'identité, — *ce qui est, est,* — qui est ici rappelé, pour signifier : on doit être ce que l'on est; on doit agir conformément à ses sentiments bien connus; tenir la parole donnée; n'être pas un homme qui promet et qui ne tient pas ce qu'il promet.

Principe de causalité. Les quatre genres de causes. — Dans les leçons de choses, dans les lectures expliquées, les quatre genres de causes, en lesquelles se résout pratiquement le principe de causalité, fournissent un plan très simple et très suggestif d'interrogation : *cause matérielle :* de quoi est faite une chose; *cause formelle :* comment elle est faite (par quels procédés, suivant quelle loi); *cause efficiente :* par qui ou par quoi elle est faite; *cause finale :* pour quoi, pour quel but elle est faite.

> « Un bloc de marbre était si beau
> Qu'un statuaire en fit l'emplette;
> Qu'en fera, dit-il, mon ciseau ?
> Sera-t-il dieu, table ou cuvette ? »

Il est facile de faire découvrir les quatre genres de causes dans ces vers de La Fontaine : 1° la cause *efficiente :* statuaire ; 2° la cause *matérielle :* bloc de marbre ; 3° la cause *formelle*, qui se confond ici avec la cause *finale :* dieu, table ou cuvette ; et 4° ce que quelques logiciens ont appelé cause *instrumentale :* ciseau.

Il va de soi que ce qui importe, ce ne sont pas les mots, les termes par lesquels on désigne les causes, mais les idées qu'elles expriment, les questions qu'elles suggèrent : par qui et par quoi, de quoi, comment, pour quoi.

Cause signifie ici, dans un sens très étendu, tous les principes auxquels on peut rattacher les propriétés d'un être et ses relations.

Principe de raison suffisante. — Aux principes de causalité et d'identité, si nous ajoutons le principe de raison *suffisante : Toute chose a sa raison*, c'est-à-dire aucune chose n'existe sans une raison qui explique *pourquoi* et *comment* elle existe, — nous verrons qu'il n'est pas moins fécond en applications pratiques. On nous raconte des faits extraordinaires ; avant de les croire, demandons-nous si ces faits ont des raisons suffisantes pour être, et pour être crus. On accuse telle personne que nous connaissons bien et que nous savons être incapable de la malhonnêteté qu'on lui attribue : rappelons-nous le principe de raison suffisante et n'ajoutons pas foi à ce qui peut n'être qu'une calomnie. Que d'amis peuvent être brouillés pour n'avoir pas appliqué ce principe! Ils ont cru, sans raison suffisante, de faux rapports; se sont laissé tromper par de fausses apparences, par des insinuations malveillantes.

S'il faut facilement croire le bien, il faut difficilement croire le mal. Le bien se suppose, le mal se prouve. La bienveillance risque moins d'errer que la disposition à croire le mal sur des indices et sans preuves certaines, disposition contraire au principe de raison suffisante.

Premiers principes de l'ordre moral ou pratique. — Il y a certaines maximes spécieuses, dont on aperçoit facilement la fausseté en les rapprochant des premiers principes de l'ordre moral ou pratique, qui sont ceux-ci : il y a le bien; il y a le mal; il faut faire le bien; il faut éviter le mal; il faut remplir le devoir. — Si, en regard de ces principes, qui sont les premières données de la conscience morale, nous mettons les maximes suivantes : *il faut faire comme tout le monde, il faut vouloir ce qu'on ne peut empêcher, la fin justifie les moyens, il faut suivre la nature,* elles se trouvent réfutées par la seule affirmation des principes.

Il faut faire comme tout le monde : il faut faire le bien, et il faut le faire toujours et partout, quand même personne ne le ferait; — *il faut vouloir ce qu'on ne peut empêcher :* il faut éviter le mal, il ne faut jamais le vouloir, y donner son consentement, alors même qu'on ne pourrait pas l'empêcher; — *la fin justifie les moyens :* il faut éviter le mal dans les moyens comme dans la fin; le mal ne peut changer de nature et devenir le bien par le but qu'on se propose; quelle que soit la fin poursuivie, il ne saurait se justifier; — *il faut suivre la nature :* il y a le bien qu'il faut faire, le mal qu'il faut éviter, le devoir qu'il faut remplir, quelle que soit la nature, bonne ou mauvaise.

Ce que montrent ces exemples. — On voit, par ces quelques exemples, quelle ouverture d'esprit et quelle fermeté de raison donne l'habitude des principes. En provoquant les enfants à l'examen des choses, il faut donc, autant qu'on le peut, les habituer à mettre en acte les principes qui sont en puissance dans leur esprit, à se rendre compte de ce qu'ils voient, de ce qu'ils entendent.

« Si les principes ne peuvent se perdre, ils peuvent s'obscurcir et se fausser. Ainsi, quoique tout homme appelé à y penser ne puisse manquer d'avouer que tout fait a une cause, et que la liaison des causes et des effets est constante, que de gens pensent en réalité comme si le hasard, le caprice ou des volontés arbitraires menaient les phénomènes du monde !...

« Il est des esprits sans nombre à qui on ne causerait aucun étonnement en leur racontant les choses les plus absurdes, les plus impossibles. Pourquoi ? N'ont-ils pas dans l'esprit les principes qui leur permettent de comprendre que l'absurde est impossible ? Ils les ont; mais ils les laissent dans l'oubli : ils les laissent dormir, pour ainsi dire. De fausses associations d'idées, des souvenirs incohérents, désordonnés, provenant de récits fantastiques, ont littéralement faussé leur esprit. » (MARION, *Leçons de psychologie,* 24e leçon.)

Cette revue rapide que nous venons de faire de quelques-uns des premiers principes de la raison, tant de l'ordre spéculatif que de l'ordre moral, montre qu'il n'en est pas un qui ne puisse être oublié dans la pratique ou vivement compris et vérifié par l'esprit attentif. Toute contradiction apparait immédiatement comme telle, c'est-à-dire comme absurde, à l'esprit éveillé ou averti; mais encore faut-il l'éveiller ou l'avertir. Il y a beaucoup d'esprits à qui la contradiction ne fait pas peur, parce qu'ils ne savent pas la remarquer. Dans ce cas, il faut la leur faire toucher du doigt, leur montrer qu'ils admettent le oui et le non sur le même objet; en d'autres termes, qu'ils admettent qu'une même chose est et n'est pas en même temps,

comme ferait celui qui prétendrait avoir trouvé un *cercle carré*, c'est-
à-dire une figure qui serait en même temps et ne serait pas un cercle
ou un carré.

Il faut saisir toutes les occasions de développer chez les enfants la
raison pratique, le sens moral, la conscience; de leur donner, par des
exemples pris dans leur vie journalière, par des principes dégagés
des faits, la notion très nette du juste et de l'injuste; de leur inspirer
la crainte de Dieu, c'est-à-dire l'amour du bien et la haine du mal.

A quoi, dans la pratique, on reconnaît une raison mûre. —
Dans la vie pratique, on reconnaît une raison mûre, pleinement et
sainement développée, au rôle prépondérant donné à l'idée et au sentiment du devoir dans la conduite propre et dans les jugements sur
la conduite des autres; à l'habitude de dominer les événements, d'y
introduire l'ordre et la règle, s'ils dépendent de soi, et, s'ils n'en dépendent pas, de les juger du moins à la lumière des principes.

Penser par soi-même. — L'enfant dont la raison est ainsi développée devient
capable, en s'instruisant, de faire acte d'homme; il apprend à penser par lui-
même, à penser librement, à s'approprier en homme, à rendre sienne la pensée d'autrui. En faisant de l'homme une créature raisonnable, Dieu a voulu
qu'il lui fût semblable par le privilège du libre arbitre, et qu'ainsi il se fît
pour ainsi dire lui-même par sa liberté. Voilà pourquoi on n'est pas un
homme, on n'est pas dans l'ordre que Dieu veut, si on ne sait pas, d'une certaine manière, penser par soi-même; ce qui ne veut pas dire ne compter que
sur soi et prétendre se passer de Dieu et des hommes, mais accepter les données de la connaissance (données des sens, de la conscience et de la raison)
et partir de là, c'est-à-dire de la nature humaine telle que Dieu l'a faite et
qu'on la trouve en soi, avec son essence et ses relations, pour agir et opérer
intellectuellement, et, comme on vient de le dire, penser par soi-même, dans
le bon sens du mot.

*Penser par soi-même, penser librement, ne se confond pas avec ce qu'on
appelle libre pensée.* — Cette manière de penser librement doit évidemment
« se distinguer profondément de ce qu'on appelle quelquefois liberté de penser, et qui consiste à nier certaines choses, à rejeter certains dogmes, certaines
autorités. La liberté de penser ne consiste pas plus à nier qu'à affirmer. On
peut nier très servilement, lorsqu'on ne fait que répéter ce que l'on a entendu
dire; on peut affirmer très librement, lorsqu'on a réfléchi sur ce qu'on affirme
et que l'on s'est approprié les raisons que l'on invoque. Il ne faut donc pas
dire que la philosophie contribue à faire des révoltés et des sceptiques. Elle
sert, au contraire, à apprendre aux jeunes gens à distinguer la liberté de la
révolte et l'examen du scepticisme. C'est l'absence de philosophie qui, au sortir
du collège, au premier choc d'une contradiction absolue entre l'école et le
monde, fera des révoltés et des sceptiques. C'est une bonne discipline de la raison
qui fera des esprits éclairés qui sauront, suivant l'expression de Pascal, « croire
où il faut, douter où il faut, affirmer où il faut. » (*Instructions*, 1890, p. 110.)

« Ce n'est pas inutilement, disait Bossuet au Dauphin, et pour que vous n'en
fassiez aucun usage, que Dieu vous a donné l'intelligence et toutes ces nobles
facultés qui vous éclairent et à l'aide desquelles vous pouvez rappeler le passé,
connaître le présent, prévoir l'avenir. Quiconque ne daignera pas mettre
à profit ces dons du Ciel, c'est une nécessité qu'il ait Dieu et les hommes pour
ennemis. Car il ne faut pas s'attendre, ou que les hommes respectent celui qui
méprise ce qui le fait homme, ou que Dieu protège celui qui n'aura fait aucun
état de ses dons les plus excellents. »

IV. — PHILOSOPHIE ET AUTEURS CLASSIQUES

S'il est vrai, comme on l'a dit, que « la littérature jaillit comme de source de la psychologie exacte et de la saine morale », il est urgent, non seulement pour quiconque veut composer, mais aussi pour qui veut analyser et étudier les œuvres littéraires, d'avoir des notions précises de psychologie et de morale.

Impossible, sans ces notions, de comprendre les auteurs classiques, de les apprécier, de les juger avec compétence et profit. Si, trop souvent, l'étude des auteurs et la rhétorique donnent le goût et l'habitude d'une phraséologie vide plutôt que de la pensée personnelle, c'est que, d'une façon générale, les mots simples, — ceux, par exemple, qui expriment les notions et les vérités premières, soit de l'ordre spéculatif, soit de l'ordre pratique, — que l'on croit compris, ne le sont pas; faute de ces notions, l'élève ne voit alors que des phrases, non des choses et des pensées; le sens et la portée des idées et des faits lui échappent; il n'a pas d'émotion vraie; il tend à croire que le style n'est qu'un travail artificiel, et non l'homme même, avec sa nature, ses convictions, ses passions, sa valeur morale.

Dans les tragédies et les comédies qu'il faut analyser ou faire analyser, comment dégager les éléments des caractères et en apprécier la valeur sans notions de psychologie et de morale; si l'on ne sait pas ce que c'est que : appétits, inclinations, penchants, passions, instincts, habitudes, vices, vertus; si l'on ne connaît pas les facultés de l'âme, auxquelles les auteurs classiques font une part relative à leur importance; si l'on n'a pas une idée nette des mobiles et des motifs d'action : passion, plaisir, intérêt, devoir? Sans ces notions, on ne peut faire autre chose, dans ses explications ou ses appréciations, que de la rhétorique creuse, qui dégoûte l'homme intelligent; on ne peut qu'écrire ou parler de mémoire, d'imagination, faire des clichés, employer des formules.

M. Jules Lemaître a écrit, au sujet de *Polyeucte :* « Nous comprenons mieux *Polyeucte* que ne le comprenait le xviiie siècle, parce que nous sommes meilleurs philosophes. » Le mot est juste et peut s'appliquer, en général, à toutes les pièces classiques. Dès l'instant que ces œuvres ont pour objet l'âme humaine, il est clair qu'elles ne peuvent être comprises et étudiées avec fruit que si l'on a une connaissance suffisante de l'âme, de ses facultés et de leur hiérarchie, de ses sentiments, de ses passions, de ce qui constitue pour elle état normal ou état anormal, ordre ou désordre, santé ou maladie.

Cette connaissance est nécessaire, d'abord pour l'analyse générale de la pièce : pour se rendre compte comment les diverses scènes sont amenées, comment elles sont liées les unes aux autres, et pas seulement juxtaposées; comment elles découlent les unes des autres pour former un tout naturel, plein, harmonieux.

Peut-être est-elle plus nécessaire encore pour l'étude des caractères, surtout si les caractères sont tout, comme dans les œuvres de Racine et de Molière.

Il n'est pas jusqu'au passage du *vous* au *toi*, dans certaines scènes, dont l'explication ne repose sur des notions psychologiques. Un simple mot parfois, pour en saisir la nuance, réclame ces notions. Ainsi, Chimène, après le meurtre de son père, ne peut dire à Rodrigue qu'elle lui pardonne, ce qui nous choquerait; mais elle lui dit, ce qui revient au même, sans nous choquer : « Va, je ne te hais point. » — « Dire qu'on ne saurait haïr, n'est-ce pas dire qu'on pardonne? » (MOLIÈRE).

Ce qu'on vient d'affirmer du théâtre, on peut l'affirmer de toutes les œuvres classiques : pour en pénétrer le sens, pour les goûter, en apprécier le mérite et la beauté, en tirer profit pour sa formation intellectuelle et son progrès moral, il faut y être préparé par des notions pratiques de philosophie.

Il faut donc donner ces notions aux élèves; les mettre à leur portée en les dégageant de tout ce qui les rend imprécises et vagues; y revenir à propos de tout travail de la pensée, à propos de toute lecture expliquée, de tout auteur analysé et étudié, de toute leçon de choses, de toute composition, de tout enseignement, en rappelant les principes et les définitions, en peu de mots et clairement.

Donnons des exemples de ces définitions courtes qui sont, comme les principes, des sources de lumière, de claire vision des choses.

Courtes définitions de mots. — Supposons que dans une lecture expliquée se présentent les mots suivants : *âme, vie; ordre, désordre; loi morale, loi physique; obligatoire, nécessitant; bien, mal; liberté, responsabilité; devoir, droit; mérite, démérite; vertu, vice;* on donnera de ces mots ces simples définitions, qu'il faudra d'abord expliquer, qu'il suffira de formuler ensuite :

— *Âme :* principe de vie;

— *Vie :* activité intérieure par laquelle un être se meut lui-même;

— *Ordre :* ce qui est conforme à la loi, à la règle;

— *Désordre :* ce qui est contraire à la loi, à la règle;

— *Loi morale :* règle obligatoire que l'homme doit suivre pour rester dans l'ordre; loi *physique :* manière constante dont un fait s'accomplit; — la loi morale est un précepte, un commandement; la loi physique, une constatation ou une formule; — ici, il s'agit de ce qui se fait, de ce qui est; là, de ce qui doit être, de ce qui doit se faire;

— *Obligatoire :* qui s'impose à la volonté, sans la contraindre, sans la forcer;

— *nécessitant :* qu'on est forcé de subir, qu'on ne peut pas ne pas subir; — la loi morale est obligatoire, les lois physiques sont nécessitantes; le minéral, la plante, l'animal, ne sont soumis qu'à des lois nécessitantes;

— *Bien :* ce qui est conforme à la loi morale; — *mal :* ce qui est contraire à la loi morale;

— *Liberté :* pouvoir de se déterminer, possession de soi-même;

— *Responsabilité :* caractère d'un être qui doit rendre compte de ses actes; qui peut mériter ou démériter;

— *Devoir :* nécessité morale; — *droit :* pouvoir moral;

— *Mérite :* accroissement de valeur morale; — *démérite :* perte de valeur morale;

— *Vertu :* habitude du bien; *vice :* habitude du mal.

Ame, vie. — Si l'on en a le temps, on pourra s'arrêter un peu plus sur quelques-uns de ces mots. On dira, par exemple, qu'il y a *trois vies* chez l'homme : la vie *végétative*, caractérisée par la nutrition; la vie *sensitive* ou *animale*, caractérisée par la sensation; la vie *morale* ou *humaine*, caractérisée par l'entendement et la volonté; qu'il n'y a que deux vies chez l'animal, et une chez la plante; que la plante a une *âme* (un principe de vie) végétative, que l'animal a une *âme* sensible, et l'homme, une *âme* intelligente et libre, spirituelle et immortelle. Elle est libre, parce qu'elle est intelligente; elle est spirituelle, parce qu'elle est intelligente et libre : il n'y a qu'un esprit qui puisse être intelligent et libre; elle est immortelle, parce qu'elle est spirituelle : un esprit ne peut mourir. Ces mots intelligente et libre, spirituelle et immortelle, doivent être disposés dans cet ordre, qui est l'ordre logique.

Moyens pour préciser la connaissance de ces notions. — Supposons encore que nous trouvions ces mots : *impression, sensation, image, idée, pensée, sentiment, détermination, résolution;* — nous dirons et ferons voir que ces mots, qu'on a relevés à la lecture, sont disposés ici dans leur ordre naturel; que l'*impression* est un fait physiologique, la *sensation* un fait psychologique; l'*image*, une copie de sensation conservée dans l'imagination; l'*idée :* ce que voit l'esprit (Lacordaire), une représentation intellectuelle des choses; la *pensée*, des idées liées entre elles; le *sentiment*, qui naît de l'idée, un fait de sensibilité morale ou de volonté; la *détermination*, un fait de volonté libre.

On pourra faire des questions pour s'assurer que ces notions sont comprises : A quelle vie rapportez-vous le phénomène de la circulation du sang, de la respiration? — A la vie végétative... A laquelle rapportez-vous les sensations, les images, les appétits? — A la vie sensitive ou animale... A laquelle les idées, les pensées, les sentiments, les déterminations? — A la vie morale ou humaine proprement dite.

A quelle faculté rapportez-vous la connaissance sensible? — A la faculté de connaître par les sens, soit externes : vue, ouïe, goût, odorat, toucher; soit internes : conscience sensible, imagination, mémoire, estimative (sens par lequel l'animal connaît, dans les choses sensibles, ce qui peut lui être utile ou nuisible; sorte de jugement, qui est une application de l'instinct aux données sensibles).

A quelle faculté rapportez-vous les connaissances intellectuelles, les idées, les pensées, le jugement, le raisonnement? — A l'intelligence... Et les sentiments, les déterminations? — A la sensibilité morale, à la volonté libre.

On ne se rend peut-être pas bien compte, à première vue, de l'importance de cette distinction des vies et des phénomènes qui leur sont propres, phénomènes qui s'appellent, s'impliquent, se superposent, se compénètrent; c'est cependant là une connaissance primordiale, sans laquelle il n'est pas possible d'ordonner ou de graduer les idées psychologiques et morales, qui sont le fond de toute œuvre littéraire. Qui n'a pas cette connaissance confond tout, met avant ce qui doit être après, et *vice versa*; est incapable de pénétrer l'œuvre qu'il étudie ou analyse, d'en avoir et d'en donner une idée, non pas vague et superficielle, mais vraie, caractéristique, précise, mettant à sa place et en relief ce qui est essentiel.

Il faut en dire autant de la distinction entre l'*image* et l'*idée* (imagination et intelligence), ou encore entre la *sensation* et le *sentiment* (vie animale et vie morale)[1]. Il semble que c'est là chose trop simple pour qu'on y insiste, et c'est cependant faute d'en avoir une idée nette que bien des personnes prennent des images pour des idées, confondent des phénomènes de vie sensitive avec des actes de vie morale, font des comparaisons, croyant donner des raisons, ou expriment des sentiments, quand il faudrait donner des principes.

On se figure trop aisément que ces mots et autres semblables, que l'on rencontre partout, sont compris par les élèves; ils ne le sont pas d'ordinaire, et il faut s'attacher à les leur expliquer, pour qu'ils n'aient pas que des mots, qu'ils aient des choses. Les mots sont les signes des idées; sans les idées, ils font illusion et trompent. On croit savoir quelque chose, dire quelque chose; on ne sait rien, on ne dit rien. Le signe est pour la chose signifiée; faire apprendre à un enfant une chose qu'il ne comprend pas, c'est lui donner le signe sans la chose signifiée, le contenant sans le contenu : c'est le leurrer.

En toute étude, il faut commencer par le commencement, et le commencement, dans les questions à la fois littéraires et philosophiques, c'est le fait psychologique ou moral, c'est la notion ou idée commune, c'est le principe premier. Voilà ce qu'il faut avant tout dégager, si l'on veut comprendre.

Ce que c'est qu'étudier. — « Étudier, dit Ollé-Laprune, c'est d'abord voir où est la question, ou du moins travailler à le voir. Voir où est la question, c'est discerner ce que l'on sait et ce que l'on ne sait pas, ce que l'on a et ce que l'on n'a pas[2]. Point très important, trop souvent négligé. Étudier, c'est ensuite se servir de ce qu'on sait pour arriver à ce qu'on ne sait pas, mettre à profit ce qu'on a pour acquérir ce qu'on n'a pas. Autre point d'une extrême importance, et non moins méconnu ou entièrement oublié.

« Si l'on avait bien sous les yeux ces deux maximes si simples, on commencerait en toute étude par le commencement. Le commencement par rapport à nous, c'est ce que nous avons le plus près de nous, le plus à notre portée. C'est le fait visible, c'est l'idée commune, c'est le principe évident. Voilà ce qu'il faut dégager de tout le reste, et bien regarder, si l'on veut voir clair. Mais c'est un travail que l'on dédaigne souvent comme trop vulgaire ou trop facile. A vrai dire, c'est difficile; et accomplir avec perfection cette œuvre, est chose considérable. Y songeons-nous? Constater un fait, le décrire exactement, le déterminer avec précision; mais c'est la première opération du savant, et elle ne passe ni pour commode ni pour banale. Nous sommes victimes trop souvent d'une singulière illusion : nous nous imaginons qu'il n'y a moyen de nous distinguer qu'en faisant des choses extraordinaires, tandis que le vrai mérite, c'est

---

[1] Voir plus haut, ch. II, art. III.
[2] Savoir qu'on sait ce qu'on sait et qu'on ne sait pas ce qu'on ne sait pas, telle est la vraie science : vérité capitale dans l'enseignement et dans l'étude.

de faire bien ce qu'on a à faire, grand ou petit, en sorte que l'on peut se distinguer en s'acquittant excellemment des fonctions les plus communes. C'est vrai de la vertu ; c'est vrai dans l'ordre de la pensée.

« Décrivez-moi avec une précision parfaite les faits que tous croient connaître, et vous ferez preuve d'un talent plus éminent que si vous vous étiez ingéniés à me dire des choses étranges, dont personne n'aurait jamais parlé.

« Ce que je dis des faits, il faut le dire des idées et des vérités. Attachez-vous à définir d'abord les mots ; montrez comment il faut les prendre dans leur signification la plus naturelle, la plus usitée dans le discours ordinaire, la plus propre aussi ; marquez bien ce que l'on a dans l'esprit, lorsqu'on emploie les termes « simplement, naturellement, sans contention ni dispute »[1]. Vous rendrez claires et distinctes les idées communes ; vous donnerez à chacun une conscience nette des trésors qu'il a en sa possession, et en vous acquittant bien de cette tâche, qui paraît si aisée et qui est si difficile, vous rendrez aux esprits un plus signalé service qu'en vous creusant la tête pour débiter des nouveautés surprenantes. De même, si vous vous appliquez à dissiper les ombres qui obscurcissent les premières vérités : tout esprit les emploie, si je puis dire, ces vérités, sans y prendre garde ; forcer les plus inattentifs à y prendre garde, ce n'est pas une œuvre médiocre. Tout cela, c'est commencer par le commencement, et c'est l'indispensable condition de l'étude. » (OLLÉ-LAPRUNE, *La Philosophie et le temps présent*, préface de la 2e édit., pp. 9-11.)

Quelques exemples d'application de ces principes. —

Pour trouver des exemples, dans les pièces classiques, on n'a que l'embarras du choix. Nous nous contenterons d'en prendre un dans Molière et deux dans La Fontaine : ses *Fables* étant le livre classique le plus universellement connu, et comme le manuel de tout élève français, les exemples qu'on lui emprunte ont une portée plus générale ; un plus grand nombre de personnes sont ainsi mises à même de juger de la méthode.

Nous formulerons ces exemples sous forme de composition française donnée à des examens ; si le professeur avait à faire une leçon sur le même sujet, ce sont les mêmes idées qu'il développerait, et à peu près de la même manière.

I. *Philinte dit quelque part à Alceste, dans le* Misanthrope :

« Oui, je vois ces défauts, dont votre âme murmure,
Comme vices unis à l'humaine nature ;
Et mon esprit enfin n'est pas plus offensé
De voir un homme fourbe, injuste, intéressé,
Que de voir des vautours affamés de carnage,
Des singes malfaisants et des loups pleins de rage. »

Commenter cette doctrine au point de vue moral. Le rapprochement est-il admissible ?

DÉVELOPPEMENT. — Ce que dit Philinte serait très juste, si nous n'étions que des animaux ; mais nous sommes des hommes, et ce n'est pas avoir de sens moral que de considérer son prochain de même œil qu'un vautour affamé, qu'un singe malfaisant ou qu'un loup plein de rage. Philinte n'a que du mépris pour

---

[1] BOSSUET, *Conférences avec M. Claude*, I, vers le début.

la nature humaine; il peut avoir de l'esprit, il n'a ni conscience ni cœur, à le juger par ses paroles. Philinte s'exclut lui-même de l'humanité, d'après ce mot de Térence : « Je suis homme, rien de ce qui est humain ne m'est étranger. »

Les vautours, les singes, les loups n'ont pas la raison pour se conduire, mais l'instinct; ils ne sont pas soumis à des lois morales, mais à des lois nécessitantes; ils ne sont pas responsables et ne peuvent pas mériter ni démériter : ils ne font ni bien ni mal; nous ne pouvons avoir pour eux ni estime ni mépris. Il n'en est pas de même de l'homme, qui a le devoir de faire le bien et d'éviter le mal, que nous savons responsable de ses actes, que nous estimons ou méprisons, suivant qu'il fait ou non ce qu'il doit.

Il ne nous est point permis de n'être pas offensés, de ne pas nous attrister, de ne pas souffrir du mal qui se commet, et de ne pas nous réjouir, de n'être pas heureux du bien qui s'accomplit.

> « Honte à qui voit le mal sans que le mal le navre! »
> « Honte à qui voit le bien sans en être joyeux! »

Le rapprochement que fait Philinte n'est donc pas admissible. D'un côté, c'est l'ordre physique, avec ses lois fatales et contraignantes : nous avons là des animaux, conduits par l'instinct vers une fin qu'ils ignorent; de l'autre, nous avons des êtres intelligents et libres, qui sont responsables, qui ont des devoirs à remplir, une fin morale à atteindre, et qui sont coupables, s'ils ne remplissent ceux-là et s'ils s'écartent de celle-ci.

Ajoutons qu'il n'y a pas loin de cette déclaration de Philinte à l'opinion, assez répandue aujourd'hui, qui fait du criminel, non un coupable, mais une victime de ses instincts naturels ou de l'hérédité. La théorie de Philinte engendre la doctrine des psychologues et des médecins de l'école d'anthropologie criminelle positiviste, qui soutient devant les juges l'irresponsabilité des loups et des vautours humains.

II. *Énumérer et expliquer les motifs d'action, à l'aide des Fables de La Fontaine, et en faisant des questions et des réponses brèves et précises. — Ne pas manquer d'apprécier certaines maximes morales transformées par La Fontaine en règles de prudence utilitaire.*

DÉVELOPPEMENT. — Qu'appelle-t-on motif ou mobile d'action? Ce qui porte à agir. Le motif est fourni par la raison, il est raisonné; par exemple : l'intérêt, le devoir; le mobile est fourni par la sensibilité, par exemple : la passion, le plaisir. Motif s'emploie souvent pour mobile; c'est le terme générique. Voilà pourquoi on dit simplement : les motifs d'action. Le devoir est toujours un motif, et non un mobile d'action; c'est le motif moral. L'intérêt n'est pas moral : c'est un motif égoïste, comme la passion et le plaisir; voilà pourquoi on peut aussi l'appeler mobile d'action.

Qu'est-ce qui nous porte à agir? — La passion, le plaisir, l'intérêt, le devoir. — La passion pousse, le plaisir attire, l'intérêt conseille, le devoir commande avec autorité, oblige; il s'impose à la volonté sans la contraindre.

Comment s'appelle celui qui n'agit que par passion? Un passionné. — Celui qui ne cherche que le plaisir? Un épicurien. — Celui qui n'agit que par intérêt? Un utilitaire. — Le passionné, l'épicurien, l'utilitaire agissent-ils raisonnablement? Non; car la raison prescrit d'agir par devoir.

Quand agit-on en homme? — Quand on agit par devoir, et la raison est le principe naturel d'activité chez l'homme, comme l'instinct est le principe naturel d'activité chez l'animal. Agir en homme, agir moralement, agir raisonnablement, agir par devoir, ces expressions ont le même sens.

La passion, le plaisir, l'intérêt peuvent-ils se joindre au motif du devoir? — Oui; mais il faut que le motif du devoir les domine et les règle, c'est-à-dire que le motif du devoir soit le principal et que les autres ne lui soient pas opposés, mais conformes. Le devoir avant tout et malgré tout. Fais ce que dois, advienne que pourra. Heureux ceux qui mettent leur passion, leur plaisir, leur intérêt dans le devoir! Les saints en arrivent là.

Par quel motif a agi la cigale imprévoyante? Par plaisir. — Par quel motif a agi la cigogne? Par passion. — Et le renard? Par intérêt. — Et la colombe qui jette un brin de paille à la fourmi sur le point de se noyer? Par devoir. — Et le rat rongeant les mailles qui retiennent le lion captif? Par devoir. — Quel devoir remplit la colombe? Un devoir de charité. — Et le rat? Un devoir de justice : la reconnaissance, qui rend le bien pour le bien, est un devoir de justice.

Quelles vertus pratique l'homme qui remplit tous ses devoirs envers ses semblables? La justice et la charité. — Qu'est-ce que la justice? Le respect des droits d'autrui. — Qu'est-ce que la charité? Le dévouement, le don de soi, le sacrifice de son égoïsme au bonheur d'autrui. — Quelle maxime résume les devoirs de justice? Celle-ci : *Ne fais pas aux autres ce que tu ne veux pas qu'ils te fassent.* — Quelle maxime résume les devoirs de charité? Celle-ci : *Fais pour les autres ce que tu veux qu'ils fassent pour toi.*

— Cette maxime : *Il faut autant qu'on peut obliger tout le monde,* à quelle vertu se rapporte-t-elle? A la charité. — Et cette autre : *Il ne se faut jamais moquer des misérables?* A la justice. — Le motif que La Fontaine donne pour engager à pratiquer ces deux maximes n'en altère-t-il pas le caractère obligatoire? Si. — Est-ce parce qu'on peut avoir besoin d'un plus petit que soi qu'il faut autant qu'on peut obliger tout le monde? Non, mais parce que c'est un devoir de charité. — Est-ce parce qu'on peut être un jour malheureux soi-même qu'il ne faut pas se moquer des malheureux? parce qu'on veut être épargné par les autres qu'il faut les épargner soi-même? Non, mais parce que c'est un devoir de justice. — A-t-on le droit de se moquer des misérables? Non, on n'en a pas le droit. Qu'est-ce que le droit? Un pouvoir moral. On n'a pas le pouvoir moral de se moquer des misérables. On n'agit pas moralement, pas raisonnablement, pas en homme, si on le fait. On ne peut le faire sans manquer à son devoir, sans commettre une faute, sans violer le droit qu'a le malheureux d'être respecté dans son malheur.

N'avoir pas le droit de faire une chose, c'est avoir le devoir de ne pas la faire. — Qu'est-ce que le devoir? C'est une nécessité morale. Le devoir est nécessaire à la vie morale, à la vie de l'âme raisonnable et libre, comme la nourriture est nécessaire à la vie physique, à la vie du corps. — Est-ce qu'on peut agir moralement en agissant à la fois par devoir et par intérêt? Oui, mais l'intérêt doit être subordonné au devoir et réglé par lui : il doit être moralisé. De même pour la passion et le plaisir. La passion, le plaisir, l'intérêt sont des ressorts naturels d'activité, qui sont bons s'ils sont moralisés, c'est-à-dire dominés, réglés par la raison, la conscience, le devoir. Séparés du devoir, ce sont des motifs ou mobiles intéressés. Le passionné, l'épicurien, l'utilitaire agissent, non en hommes, mais en égoïstes. Ce sont des égoïstes.

Faut-il imiter la fourmi? Oui, dans sa prévoyance; non, dans sa dureté impitoyable. La fourmi manque absolument de charité; c'est une égoïste. Faut-il imiter le corbeau? Non, car il ne faut être ni vaniteux ni sot. Faut-il imiter le renard? Non, car il ne faut être ni rusé, ni trompeur, ni voleur. Faut-il imiter la cigogne? Non, car il n'est pas permis de se venger, de rendre le mal pour le mal. L'injustice des autres autorise-t-elle la nôtre? Est-il permis de tromper un trompeur? Non, il est défendu d'être injuste envers qui que ce soit.

Quel est le meilleur moyen d'apprécier la conduite des hommes? C'est d'examiner leurs motifs d'action.

Qu'est-ce qu'une bonne action? C'est celle qui est conforme à la raison, à la conscience, à la loi morale. Une action bonne en elle-même peut-elle être moralement mauvaise? Oui, si celui qui la fait agit avec des motifs mauvais; par exemple, celui qui ferait du bien à un malheureux pour obtenir de lui un acte coupable.

Une action faite uniquement par passion, par plaisir ou par intérêt, peut-elle être moralement bonne? Non, parce que celui qui la fait n'agit pas moralement. Peut-elle être moralement belle? Non; car, pour qu'elle soit moralement belle, il faut qu'elle soit moralement bonne. Le beau excite notre admiration. Or, on n'admire pas un homme qui expose sa vie uniquement pour gagner une prime, une somme d'argent. Le bien, dans l'ordre pratique, comme le vrai dans l'ordre spéculatif, est la condition du beau. Il faut encore, pour qu'une action soit belle, qu'elle mette en jeu des puissances ou des énergies. Un riche, par exemple, donne un sou ou un morceau de pain à un pauvre, il fait une bonne action, non une belle action; mais un homme héroïque expose sa vie par dévouement, par charité, pour sauver un de ses semblables dans une inondation, un incendie, il fait une belle action.

« Une belle action, a dit Montesquieu, est celle qui a de la bonté et qui demande de la force pour la faire. » — Le paysan du Danube fait une très belle action : elle est bonne, désintéressée, généreuse; elle exige beaucoup de courage et de force d'âme pour être accomplie.

III. *Nous lisons dans la préface des Méditations de Lamartine :*
« *Les Fables de La Fontaine sont plutôt la philosophie dure, froide et égoïste d'un vieillard, que la philosophie aimante, généreuse, naïve et bonne d'un enfant.* »

Expliquer comment Lamartine a pu formuler un jugement si sévère, et le réfuter.

DÉVELOPPEMENT. — La raison d'un jugement si sévère est dans le caractère de Lamartine.

L'éducation qu'il reçut développa en lui l'imagination et le sentiment aux dépens des autres facultés. Lamartine voyait, jugeait, raisonnait surtout par imagination et sentiment (ou sensation), plutôt que par raison. Il tenait peu compte des faits, du réel; il idéalisait tout et avait pour tout un amour vague et quelque peu sensuel. A tout, il donnait une âme, « qui s'attache à notre âme et la force d'aimer ».

On trouve encore chez lui des traces du sentimentalisme de Rousseau. Il est à remarquer que Rousseau n'a pas non plus goûté les fables de La Fontaine et qu'il les estimait « capables de porter les enfants plus au vice qu'à la vertu ».

— Non, la philosophie des fables de La Fontaine n'est pas la philosophie dure, froide et égoïste d'un vieillard.

Est-il bien vrai d'ailleurs qu'un vieillard a nécessairement une pareille philosophie? En tout cas, ce n'est pas celle de l'octogénaire, dans la fable : *Le Vieillard et les trois jouvenceaux.* Autant ceux-ci nous sont antipathiques, autant celui-là nous plaît. Il est sage, il est bon, il est généreux. Il répond à toutes les paroles des jeunes gens, excepté à celles qui sont injurieuses et qu'il paraît n'avoir pas remarquées. Son langage est calme, posé, sentencieux, plein de modération et de sérénité. Rien n'indique que la conduite et les propos inconvenants de ses interlocuteurs aient troublé le repos de son âme. Il ne s'émeut pas pour si peu. On dirait qu'il éprouve un sentiment de pitié pour ces malappris, à ses yeux, plus étourdis, plus inconsidérés que méchants. Peut-être comprendront-ils la leçon de désintéressement qu'il leur donne, en terminant sa réponse :

> « Mes arrière-neveux me devront cet ombrage.
>   Eh bien! défendez-vous au sage
> De se donner des soins pour le plaisir d'autrui?
> Cela même est un fruit que je goûte aujourd'hui. »

Qu'il est beau, qu'il est touchant, ce bon vieillard, qui cherche son bonheur dans celui des autres, qui se réjouit de voir, dans l'avenir, ses arrière-neveux se reposer à l'ombre des arbres qu'il plante! Ces jeunes arbres, qui n'ont pas encore pris racine, mais qu'il contemple, en imagination, grands et beaux, lui donnent, dès maintenant, un fruit qu'il goûte : le plaisir de faire du bien, quand il ne sera plus.

Voilà la philosophie du vieillard, chez La Fontaine. Elle n'a rien de dur, de froid, d'égoïste. Au contraire, elle est douce, aimante, naïve et bonne, comme Lamartine la demande pour un enfant.

Dans ce vieillard, plus d'un enfant reconnaîtra son grand-père, comme il reconnaîtra dans les jouvenceaux tels ou tels de ses camarades. Ces jouvenceaux se montrent, il est vrai, épicuriens et utilitaires; mais La Fontaine ne nous les propose pas comme modèles, pas plus que le loup étranglant l'agneau, pas plus que tous les personnages rusés, fripons, menteurs, qu'il nous présente dans sa « Comédie à cent actes divers ».

Il ne nous dit pas d'imiter la dureté de la fourmi, la sottise du corbeau, la tromperie du renard, la vanité de la grenouille, l'imbécillité du bouc; mais il nous dit : « Trompeurs, c'est pour vous que j'écris; attendez-vous à la pareille. » Il nous montre comment on est puni par où l'on pèche; ce qui n'arrive pas toujours, pas visiblement, pas immédiatement, parce que nous ne sommes pas en ce monde dans un ordre absolu et parfait, mais dans un ordre imparfait et relatif. Les sanctions terrestres sont insuffisantes, mais elles ne sont pas vaines. La vertu n'est pas toujours récompensée, le vice pas toujours puni; mais ils le sont bien souvent. Il est bon d'apprendre cela à l'enfant; il est utile qu'il le constate dans les fables, comme on le constate dans la vie.

« Il est telle de ces petites pièces, dit Nisard, dont le dénouement nous laisse une impression de mélancolie, parce que le bien y a le dessous. Je ne vois là qu'une ressemblance de plus avec la vie. »

En morale, ce n'est pas sans doute ce qui *est*, qui est la règle : la morale n'est pas simplement une science empirique. Il faut néanmoins tenir compte des faits; il faut distinguer le réel de l'idéal, si l'on veut pouvoir remédier à l'un et poursuivre l'autre dans les conditions possibles. Lamartine ne voit que l'idéal, que La Fontaine ne voit peut-être pas assez, à l'exemple des anciens; mais l'auteur des *Méditations* oublie trop ce que le fabuliste n'oublie pas, à savoir : que l'idéal a son point de départ et son point d'appui dans le réel, qu'il faut tenir compte du réel, prendre la nature humaine comme elle est, si l'on ne veut pas se jeter dans les illusions et les déceptions.

Les fables se trouvent être ainsi une école d'expérience et de bon sens, choses bonnes pour l'enfant, comme pour l'homme et le vieillard.

La Fontaine n'est pas *pessimiste :* il ne voit pas que le mal; il voit aussi le bien :

> « Le trépas vient tout guérir,
> Mais ne bougeons d'où nous sommes :
> Plutôt souffrir que mourir;
> C'est la devise des hommes. »
> — « Qu'un ami véritable est une douce chose! »

Il ne croit pas, non plus, que ce monde soit le meilleur des mondes possibles. Il ne professe pas *le faux optimisme*. Il n'approuve pas que *les petits pâtissent des sottises des grands; que, selon que vous serez puissant ou misérable, les jugements de cour vous rendent blanc ou noir*. Il constate que cela a lieu, mais de façon à le condamner.

Il professe *l'optimisme vrai :* celui qui consiste à être mécontent de nous et de nos faiblesses, du monde et de ses misères, mais contents de Dieu et de ses dons, et des forces qu'il nous prodigue :

> « Nous n'écoutons d'instincts que ceux qui sont les nôtres
> Et ne croyons le mal que quand il est venu. »
> — « Chacun a son défaut où toujours il revient. »
> — « Le monde est plein de gens qui ne sont pas plus sages. »
> — « Oh! que de grands seigneurs, au Bertrand semblables,
>   N'ont que l'habit pour tout talent! »
> — « Tous les mangeurs de gens ne sont pas grands seigneurs. »
>   — « Dieu fait bien ce qu'il fait. »
>   — « Dieu ne l'a pas voulu.
>   Sans doute il eut raison;
>   J'en vois bien à présent la cause.
>   Et, louant Dieu de toute chose,
>   Garo retourne à la maison. »
>   — « Aide-toi; le ciel t'aidera. »

> — « Travaillez, prenez de la peine,
> C'est le fonds qui manque le moins. »
> — « Le travail est un trésor. »
> — « Ni l'or, ni la grandeur ne nous rendent heureux. »
> — « Ils demandèrent la sagesse. »

Cette philosophie n'est-elle pas la meilleure que l'on puisse donner aux enfants? Sans doute, certaines maximes morales sont transformées par La Fontaine en conseils utilitaires :

> *« Il faut, autant qu'on peut, obliger tout le monde :*
> *On a souvent besoin d'un plus petit que soi. »*
> — *« Il ne se faut jamais moquer des misérables ;*
> *Car qui peut s'assurer d'être toujours heureux? »*
> — *« En ce monde, il se faut l'un l'autre secourir :*
> *Si ton voisin vient à mourir,*
> *C'est sur toi que le fardeau tombe. »*

Les motifs donnés à l'appui de ces trois maximes en altèrent le caractère obligatoire; mais l'obligation subsiste indépendamment des motifs allégués.

L'intérêt peut ici se joindre au devoir et aider à l'accomplir. Il suffit que le motif du devoir domine et règle le motif intéressé. On fera remarquer cela à l'enfant, et la fable l'aidera à le comprendre et à le retenir.

Ailleurs, le fabuliste donne le précepte moral d'une façon parfaite :

> *« Il se faut entr'aider, c'est la loi de nature.*
> *L'âne, un jour, pourtant s'en moqua,*
> *Et ne sais comme il y manqua;*
> *Car il est bonne créature. »*

On rappellera à l'enfant que la fourmi aussi y a manqué.

« On peut, dit Saint-Marc Girardin, tirer à volonté, des fables de La Fontaine, une moralité familière et médiocre, ou élevée et généreuse : tout dépend du questionneur. » (Voir pour les exemples le sujet précédent.)

Au fond, La Fontaine ne donne pas de leçons de morale; mais il fournit matière et occasion d'en donner d'excellentes. Les fables sont une image de la vie sociale; elles sont une école d'expérience, moins dangereuse que celle du monde, et l'enfant à qui on les aura expliquées sera préparé aux luttes de l'existence.

Concluons que la philosophie des fables de La Fontaine doit être expliquée, interprétée, complétée, rectifiée, perfectionnée, à l'aide de la morale naturelle et de l'Évangile; mais qu'elle n'est pas dure, froide et égoïste, comme le dit Lamartine. Elle est, au contraire, dans son ensemble, tout à fait appropriée à l'enfant et très propre, dans les conditions indiquées, à développer chez lui le sens moral, à lui faciliter, par des exemples simples, pratiques et suggestifs, l'intelligence du catéchisme. La fable précise, concrétise et localise l'enseignement moral.

Les bonnes leçons de philosophie à donner aux enfants à l'aide des fables! Que d'applications à faire à propos de toutes! Et comme elles sont propres, éclairées des principes, à dispenser, à préserver des leçons de l'expérience, qui coûtent trop cher, si on les prend ailleurs que dans les fables de La Fontaine!

« Ces fables, dit très justement Nisard, que l'on peut opposer à Rousseau et à Lamartine, sont le lait des premières années, le pain de l'homme mûr, le dernier mets substantiel du vieillard. »

Nota. — Comme les Fables de La Fontaine renferment un vaste vocabulaire de mots et de tours, dans des genres très divers de compositions : descriptions, narrations, discours, dialogues, comédies, tragédies, drames, etc.; comme elles sont très propres à former le jugement, à suppléer l'expérience, à pourvoir l'élève des matériaux dont il a besoin, et qu'elles donnent lieu à rappeler, à préciser, à localiser en quelque sorte constamment les notions de psychologie, de logique et de morale, aussi bien que les règles du goût, l'instituteur en expliquera et en fera apprendre par cœur le plus possible.

V. — PHILOSOPHIE ET COMPOSITION FRANÇAISE

On ne peut pas arriver à bien composer sans quelques notions de psychologie, de logique et de morale. Si l'on veut faire progresser rapidement les élèves dans la composition française, c'est par là qu'il faut commencer, et par là qu'il faut continuer. Penser, c'est lier, c'est ordonner les idées. On ne pense pas sans idées, et les premières qu'il faut avoir, ce sont celles-là : elles amènent toutes les autres ; elles leur donnent un fondement et un sens précis, tout en permettant de les unifier, de les synthétiser.

L'élève qui n'a pas ces notions n'arrive jamais à saisir et à exprimer nettement ses pensées, à les coordonner ; elles demeurent confuses, incohérentes, dispersées, faute de fondement naturel, de point de repère et de lien rationnel. La composition la plus simple suffit à mettre en relief son impuissance dans l'art de penser et de s'exprimer.

Comment les notions de philosophie servent de point de repère à la pensée. — Les faits de la vie sont très divers. Il en est qui se rapportent à la vie végétative : nutrition, circulation du sang, sécrétions ; d'autres à la vie sensitive ou animale : les sens et les sensations, les appétits, les instincts, l'imagination et les images, la mémoire sensible ; d'autres à la vie morale : faits intellectuels : idées, pensées, abstractions, généralisations, jugements, raisonnements ; faits de sentiment et de volonté : inclinations, penchants, amour du vrai, du bien, du beau, sentiment religieux, désirs, déterminations, résolutions.

Une connaissance précise des diverses vies de l'homme et des facultés qui leur sont propres est nécessaire pour classer et coordonner tous ces faits de vies qui sont distinctes, mais dépendantes d'une même âme, qui se compénètrent et se conditionnent, les vies inférieures ayant leur raison d'être dans la vie supérieure, et celle-ci, à son tour, trouvant dans les vies inférieures ses conditions.

On ne connaît pas un fait, si on en ignore la nature, l'espèce, la provenance, la destination ; si on ne sait pas à quelle vie, à quelle faculté il se rapporte ; si on ne peut le mettre à sa place dans une série, une énumération, une gradation, une classification ; si l'on n'en conçoit pas la valeur réelle, l'importance relative. Est-ce un fait de physiologie ? par exemple, l'impression qui précède la sensation. Est-ce un fait de mémoire, d'association des idées, d'habitude ? Est-ce un fait

de sensibilité physique ou morale, une sensation ou un sentiment?
Est-ce un fait d'intelligence, ou un fait de volonté? S'agit-il d'une
question de conscience morale ou d'une question de goût? S'agit-il
de logique, d'esthétique, de morale, d'économie politique? A quel
motif d'action faut-il rapporter la conduite de tel homme, de tel
personnage de l'histoire, de la comédie, de la tragédie?

Savoir faire ces distinctions, c'est déjà savoir beaucoup; c'est avoir
des points de repère qui empêchent de se perdre, de se méprendre,
de rester dans le vague et dans l'indéterminé. Ces notions fondamentales sont indispensables, même pour lire avec intelligence un
article sérieux de journal, pour saisir le sens et la portée d'une conférence, d'un discours. Ceux qui n'ont pas cette formation initiale
se payent de mots, mêlent et confondent tout, ne lient rien logiquement, sont incapables de faire des synthèses et de tirer des conclusions.

Notions qu'il faut donner aux élèves. — Pour apprendre à
penser, et par suite à bien composer, il faut donc :

— Que l'enfant se connaisse un peu lui-même; qu'il distingue son âme de
son corps, qu'il sache ce qu'est la vie, quelles sont les vies qu'il y a en lui, et
dont l'âme est le principe; quelles sont ses facultés, soit sensibles : sens
externes et internes, appétits, passions; soit intellectuelles : raison, ou intelligence ou entendement; inclinations, volonté libre, habitude.
— Qu'il ne confonde pas ces mots : sensation et sentiment, image et idée,
imagination et entendement, connaissance sensible et connaissance intellectuelle;
— Qu'il apprenne à formuler, à appliquer les premiers principes, soit de la
raison spéculative : d'identité, de contradiction, de causalité, de substance, de
finalité; soit de la raison pratique : il y a le bien; il y a le mal; il faut faire le
bien; il faut éviter le mal; il faut remplir le devoir;
— Qu'il apprenne à s'en servir pour penser et raisonner juste, pour se conduire en homme;
— Qu'il sache que les raisons des choses, c'est-à-dire ce qui les explique,
ce sont les principes, les causes et les lois; que les causes peuvent se ramener
à quatre : la cause matérielle ou matière (par exemple, de quoi se fait le pain?),
la cause formelle ou forme (comment se fait le pain?); la cause efficiente (par
qui ou par quoi? qui est-ce qui fait le pain?); la cause finale (pourquoi? pour
quel but? pourquoi fait-on du pain?) — notions très simples et à la portée de
l'enfant, comme le prouvent les leçons de choses qu'on lui donne, et qui ont
justement pour objet de lui faire dégager et préciser ces notions;
— Qu'il comprenne ces mots : perception interne, conscience psychologique,
conscience morale (avec ses deux éléments : sens moral et sentiment moral),
goût (avec ses deux éléments : sens esthétique et sentiment esthétique), sens
commun, bon sens;
— Qu'il n'ignore pas ce que c'est qu'abstraire, généraliser, juger, raisonner;
— Qu'il distingue le raisonnement *inductif*, qui va du particulier au général,
de l'exemple à la règle, du raisonnement *déductif*, qui va du général au particulier, de la règle à l'exemple;
— Qu'il puisse reconnaître et faire un syllogisme, un enthymème, un épiché-
rème, un dilemme, toutes choses plus simples que les mots qui les expriment,
et d'un usage courant dans la conversation;
— Qu'il ait le sens de ces mots : vérité, erreur, science, ignorance, évidence,

certitude avec ses différentes sortes (physique, psychologique, métaphysique, logique, morale) et de ceux-ci : ordre, désordre, loi morale, bien, mal, devoir, droit, liberté, responsabilité, mérite, démérite, vertu, vice, sanction, satisfaction de conscience, remords, motifs (idées) et mobiles (sentiments) d'action : passion, plaisir, intérêt, devoir; — morale *individuelle* ou devoirs envers soi-même : prudence, force, tempérance; — morale *sociale* ou devoirs envers nos semblables : justice et charité, honnête homme et homme de bien; devoirs domestiques, devoirs civils et patriotiques; devoirs envers tout homme par cela seul qu'il est homme; devoirs internationaux ou droit des gens (des nations); — morale *religieuse* ou devoirs envers Dieu : piété et adoration; — économie politique, science de l'utile; l'utile et l'honnête, celui-ci règle et mesure de celui-là; etc.

L'instituteur qui donnera ces notions, — indiquées ici comme programme, — et d'autres semblables; qui les dégagera de la lecture expliquée, de l'analyse d'une fable, d'une leçon d'histoire ou de choses, d'un travail classique quelconque, apprendra à ses élèves à penser, et, quand on sait penser, on arrive à parler et à écrire convenablement.

La composition dans les examens de l'enseignement primaire. — Pour comprendre et traiter d'une façon personnelle les moindres sujets de composition française donnés aux examens du brevet élémentaire, à ceux même du certificat d'études primaires, il faut faire appel à la raison et au bon sens aussi bien qu'à l'expérience, et non uniquement et stérilement à la mémoire. Ils exigent la connaissance de vérités, de principes, de notions morales simples, concrètes, tirées des faits et appliquées aux faits, exprimées non dans une terminologie spéciale, abstraite, pédantesque, mais dans la langue de tout le monde, dans celle que parle et que comprend le plus petit enfant qui a appris sa langue maternelle en conversant avec ses parents, et qui ravit par les réponses qu'il fait, quand les questions sont bien posées, c'est-à-dire quand elles mettent les choses à sa portée, en les graduant, en le faisant aller insensiblement du *concret*, de ce qu'il a vu, entendu, touché, à l'*abstrait*, c'est-à-dire à ce que voit l'esprit, quand il est attentif; à ce qu'il trouve, quand il se replie sur lui-même[1].

Quelques exemples montrant la justesse de ces idées. — Voici, par exemple, un sujet de certificat d'études primaires : *Des enfants en promenade aperçoivent, dans un champ, des coquelicots et des bluets; ils s'empressent d'aller les cueillir, foulant aux pieds les blés déjà mûrs. Ils s'éloignent joyeusement avec leur bouquet, lorsqu'un vieillard s'approche et leur fait la leçon dont ils sauront profiter.*

— Si les enfants qui doivent traiter ce sujet n'ont pas été habitués à réfléchir, à se rendre compte des conséquences de leurs actes, à juger du bien et

---

[1] Ces notions philosophiques dont nous parlons sont impliquées dans le titre même du programme primaire : *Instruction morale et civique.*

du mal, à ne pas nuire, à ne pas chercher leur plaisir aux dépens d'autrui, que sauront-ils dire?

Supposons qu'on leur donne cet autre sujet: *Lettre à un camarade de classe qui vous a demandé votre cahier pour copier son devoir.*

— Évidemment, l'élève ne doit pas prêter son cahier; mais pour quelles raisons? et comment l'enfant trouvera-t-il ces raisons, si on ne l'a pas formé à consulter sa conscience avant d'agir, à se demander si ce qu'on lui propose de faire est bon ou mauvais, permis ou défendu, utile ou nuisible, loyal et honnête, ou déloyal et malhonnête? Encore faut-il, pour se poser ces questions, qu'il ait le vrai sens, le sens plein et fort de ces mots.

Autres exemples: *Un camarade emploie mal son temps en classe; il se fait souvent reprendre pour son inattention. Vous lui adressez des observations à ce sujet; vous lui montrez à quoi il s'expose comme écolier d'abord, puis à quoi il s'exposera comme homme plus tard.*

— Ce petit sujet demande, pour être traité convenablement, que le bon sens et le sens moral soient éveillés; que l'enfant ait quelque notion de l'attention et de sa nécessité, du prix du temps et de son bon emploi; qu'il soit habitué à se rendre compte des choses, à voir un peu les effets dans les causes, les bons effets résulter du devoir rempli; les mauvais, du devoir méconnu ou négligé.

Un petit enfant demande à son grand frère: Pourquoi lis-tu, maintenant que tu sais lire? — Faites la réponse du grand frère.

— Cette réponse est encore affaire de bon sens; elle demande l'application des principes de la raison : c'est pour marcher qu'on a appris à marcher, pour lire qu'on apprend à lire. (Principe de finalité : tout a un but; il est raisonnable de ne rien faire sans but.)

Tous ces sujets, et tant d'autres semblables que l'on donne couramment, supposent, chez les enfants qui doivent les traiter, des esprits déjà avertis et ouverts, sachant appliquer la raison dans le cercle, encore peu étendu, de leur vie et de leurs relations. C'est là un travail intelligent, bien plus éducatif que des exercices purement phraséologiques, où l'esprit ne travaille que sur des mots et des phrases, non sur des choses, non sur des idées et des pensées; bien plus éducatif que le développement de sujets fictifs, qui portent les élèves à croire que penser, composer, c'est sortir de la réalité, s'abstraire, se mettre en dehors de la vie telle qu'on la voit, qu'on la sent, qu'on la connaît, qu'on la juge.

Par ce travail, on accoutume les élèves à ne pas se payer d'apparences, à ne pas parler pour parler, écrire pour écrire, mais à parler ou écrire pour dire quelque chose. Parler pour parler, n'est pas raisonnable; c'est chercher à paraître sans être; c'est vouloir la forme sans le fond, le moyen sans la fin.

La composition au brevet de capacité. — Les mêmes remarques s'appliquent aux sujets de composition française que l'on donne au brevet de capacité. La plupart de ces sujets exigent un esprit un peu philosophique, des notions de psychologie, de logique et de morale, qui n'aient pas seulement été apprises de mémoire, mais comprises, assimilées, passées en quelque sorte dans la constitution de l'esprit; avec lesquelles on se soit rendu capable de pensée personnelle, de raisonnement inductif et déductif, d'analyse et de synthèse, de discernement, de mesure, de mise au point.

Impossible, sans cela, de traiter les sujets suivants, du brevet simple, pris parmi beaucoup d'autres semblables, proposés en diverses Académies. Nous les donnons avec un développement court et simple, afin qu'on se rende bien compte de la vérité des idées exposées ci-dessus.

I. — Quelle différence y a-t-il entre l'amitié et la camaraderie ?

— Toutes deux ont leur origine psychologique dans les inclinations qu'on appelle aujourd'hui *altruistes*, dans les instincts de sociabilité et de sympathie. « Il paraît manifestement, dit Bossuet, que le plaisir de l'homme, c'est l'homme. » L'homme a besoin de l'homme : ils sont faits pour s'aimer, pour s'unir, pour s'aider.

La camaraderie est le lien particulier qui existe entre des gens qui vivent ensemble d'une même vie, qui ont les mêmes habitudes, les mêmes occupations. Camarade, dit Littré, est d'origine militaire et signifie : de la même chambrée. On dit : des camarades de régiment, et, par extension, des camarades de collège, d'atelier.

La camaraderie et l'amitié sont des formes de la sociabilité, de la sympathie. Elles sont bienveillantes, bienfaisantes. La camaraderie est plutôt collective; l'amitié, plutôt élective. Tous les élèves d'un même collège, tous les ouvriers d'un même atelier, tous les soldats d'un même régiment, sont des camarades; ils ne sont pas tous des amis.

Les liens de l'amitié sont plus profonds, plus intimes que ceux de la camaraderie. Il y a les devoirs de camaraderie et les devoirs d'amitié; ceux-ci sont du même ordre, mais plus étroits que ceux-là, et demandent plus d'abnégation, plus de générosité, plus de grandeur d'âme. Sans doute, l'on doit à un camarade, comme à un ami, la vérité, la confiance et le dévouement; mais non pas au même degré. On fera beaucoup pour un camarade; on fera plus encore pour un ami.

Un camarade n'est pas un étranger, un inconnu, un simple concitoyen; il est plus proche de nous; sa vie est en contact avec la nôtre; elle se mêle à la nôtre. A tout instant, nous avons besoin de sympathiser avec lui, de recevoir de lui des marques de bienveillance et de lui en donner, des services quelconques et de lui en rendre, de lui faire plaisir, de mériter son estime, et de lui manifester la nôtre.

Il y a une vraie et une fausse camaraderie, comme il y a une vraie et une fausse amitié. Il ne saurait être question ici que de la vraie camaraderie et de la véritable amitié.

Celle-là mène à celle-ci : deux bons camarades sont bien près d'être deux amis. Où finit la camaraderie? Où commence l'amitié? Comment indiquer la ligne de démarcation ?

N'est-ce pas des amitiés nées de la camaraderie que parle Paul Janet, quand il dit : « Les meilleures amitiés sont les amitiés d'enfance : nouées par l'instinct et par l'habitude, dans une entière liberté, et dans cette vie commune qui laisse tout paraître, le bien comme le mal; dégagées évidemment de tout intérêt et de toute contrainte, elles pénètrent presque aussi loin dans le cœur que les affections de famille, et y laissent des traces aussi profondes; ce sont celles qui se renouent le plus vite, quand elles ont été interrompues, et elles s'éteignent les dernières. »

NOTIONS PHILOSOPHIQUES UTILISÉES POUR CETTE QUESTION — Il y a des notions de psychologie et des notions de morale.

— De psychologie : l'amitié et la camaraderie ont leur origine dans des penchants naturels : la sociabilité et la sympathie; c'est là leur fonds commun. L'un des caractères qui les distingue, que la camaraderie est plutôt *collective* et l'amitié plutôt *élective*, c'est la psychologie qui nous le fait connaître.

— De morale : c'est la morale qui étudie les devoirs de l'amitié et de la camaraderie; ceux-là plus intimes, plus profonds que ceux-ci, à cause de la différence des rapports.

— Le sujet comporte, en toutes ses parties, non seulement des différences, mais des ressemblances, des nuances; c'est l'observation psychologique et morale qui permet de les signaler et de les mettre en évidence.

II. — *Exposer pourquoi le courage et l'activité sont des vertus, et pourquoi la faiblesse et la lâcheté sont des vices.*

— Les vertus sont de bonnes habitudes morales; les vices, de mauvaises. Le courage et l'activité sont évidemment de bonnes habitudes; la faiblesse et la lâcheté sont le contraire.

Le mot vertu veut dire force; le courage et l'activité sont des noms de la force. Le courage, c'est la force qui fait surmonter avec constance, avec énergie, les obstacles qui s'opposent à la réalisation du bien, de l'ordre, à l'accomplissement de la loi. Par définition, le courage est donc une vertu; il est la condition d'existence de toute vertu.

Il en est de même de l'activité, ou pouvoir d'agir, de produire des effets, d'être cause; c'est l'exercice de la force.

Le courage n'est que l'activité à un degré très élevé, l'activité se manifestant dans les actions difficiles. L'activité, quelle qu'elle soit : physique, intellectuelle, morale, est non seulement une vertu, mais la condition de toutes les vertus; les vertus s'acquièrent par la répétition des actes, c'est-à-dire par l'exercice de l'activité. On fait un bel éloge d'un homme, quand on dit qu'il est actif, qu'il est homme d'action. Etre homme d'action, c'est être énergique et résolu; c'est avoir la promptitude de la décision et la rapidité de l'exécution. Et pour être apte à agir ainsi, il faut lutter contre soi-même, ne pas se laisser aller à sa paresse naturelle, à cette mollesse, qui fait le fond de la plupart des caractères, et porte à vivre sans souci de ce qui nous entoure, sans inquiétude de ce qui peut arriver.

Le vice est l'habitude du mal. Le mal n'est pas quelque chose qui est, mais quelque chose qui n'est pas et qui devrait être. Le vice, c'est le défaut, le manque habituel de force. La faiblesse se définit de même façon que le vice : le manque de force. Elle est moins un vice particulier, que l'essence de tout vice. Dans la langue, tout acte vicieux, tout vice même est qualifié de faiblesse. La faiblesse est au vice ce que la force est à la vertu. Elle est le nom générique des vices.

La lâcheté est le dernier terme de la faiblesse : c'est la faiblesse entraînant la honte. Le faible ne résiste pas assez, n'avance pas; le lâche cède et s'enfuit, sans souci de sa dignité et de son honneur, prêt à toutes les déloyautés, à toutes les compromissions, à toutes les bassesses, à toutes les trahisons, à toutes les vilenies. On a plutôt pitié de l'homme qui n'est que faible; mais on méprise l'homme lâche.

Cet exposé suffit à montrer que le courage et l'activité sont des vertus, et que la faiblesse et la lâcheté sont des vices.

NOTIONS PHILOSOPHIQUES UTILISÉES POUR CETTE QUESTION. — En psychologie, la notion d'activité et celle d'habitude; en morale, les notions de vertu et de vice, puis de force et de courage (devoirs envers la volonté), avec leurs contraires : faiblesse et lâcheté. Toute vertu est force ou courage; tout vice est faiblesse et lâcheté. La lâcheté est la faiblesse entraînant la honte.

III. — *Pourquoi importe-t-il à l'enfant d'agir par lui-même? Doit-on favoriser l'initiative des élèves dans les travaux de classe? Comment? Quel écueil faut-il éviter?*

— Il importe à l'enfant d'agir par lui-même, parce que c'est pour lui le seul moyen efficace de se former, de faire son éducation, de devenir un homme. Il a une intelligence et une volonté; il faut qu'il apprenne à en faire usage, et il ne l'apprendra pas, s'il n'agit pas par lui-même. L'instinct d'imitation est très utile; mais il ne faut pas en abuser : il faut le limiter et le compléter par l'instinct d'originalité. Chaque homme doit être soi, et non un autre, avoir l'esprit de légitime indépendance, caractérisé dans ce vers :

   « Etre soi, pas un autre, et valoir ce qu'on vaut. »

L'imitation, pour être vraiment bienfaisante, ne doit pas être servile, mécanique, simiesque, mais humaine. L'enfant n'est ni un singe, ni un automate, mais une personne, un homme, qu'il faut traiter comme tel, qu'il faut amener à penser et à agir par lui-même, en faisant usage de toutes ses facultés, de toutes ses ressources.

Voilà pourquoi il faut favoriser l'initiative des élèves dans les travaux de classe. Pour cela, il faut se contenter de suivre et d'aider la nature en l'empêchant de dévier, de se fausser, de se pervertir; enseigner le moins possible et faire trouver le plus possible; employer avec les élèves la méthode inductive plutôt que la méthode déductive; leur faire découvrir et formuler la règle de grammaire, par exemple, au lieu de la leur donner; les habituer à l'observation, à la pensée personnelle, et faire l'éloge de tout effort accompli dans cette voie; ne pas les tenir toujours en lisière; leur adresser des questions suggestives, qui les excitent à chercher, à entreprendre, à découvrir, à compter sur eux-mêmes, à voler de leurs propres ailes; ne pas donner trop d'importance à des travaux de pure mémoire et de pure imitation; priser davantage les travaux où l'esprit d'initiative des élèves se manifeste; user fort peu dans la forme de l'autorité, la réserver pour des cas exceptionnels et extraordinaires; procéder par des conseils et des insinuations plutôt que par des ordres : les laisser réfléchir, se convaincre et se mettre à l'œuvre eux-mêmes. « On n'élève pas un homme, a-t-on dit, en le contraignant sans cesse sous le joug, ce joug fût-il paternel. L'éducation vraie, développante, n'est pas possible par la contrainte, mais par l'entraînement. »

L'écueil à éviter, c'est l'*indocilité* et la *présomption*. Il faut développer la confiance en soi, l'esprit d'initiative chez les élèves, sans les rendre indociles et présomptueux. Pour cela, il faut leur faire remarquer les difficultés, la complexité des sujets, la nécessité de l'attention et de la défiance de soi-même, qui a pour conséquence la critique que chacun doit faire de ses propres idées, de ses propres inventions.

On évitera cet écueil en dirigeant la volonté de l'enfant sans la briser; en l'amenant à vouloir de lui-même, avec énergie et persévérance, ce qui est juste et raisonnable, en l'habituant à plier sa volonté devant l'autorité légitime, devant les droits des autres; à sacrifier au devoir ses préférences et ses caprices.

Notions de philosophie utilisées pour cette question. — Elles se résument dans les notions d'*imitation*, d'*invention* et de *critique*. Il est difficile de les bien préciser ici. Des études générales de philosophie peuvent seules inspirer celles qui conviennent. On s'y réfère par un mot, par un membre de phrase, par une allusion à un principe, à une loi, à une théorie. La psychologie nous fait connaître l'instinct d'*imitation*, dont il ne faut pas abuser, et qui doit être complété par celui d'*originalité*, où se montre surtout l'initiative. L'abus de l'autorité, la contrainte gênent l'initiative et la compriment; l'appel à la raison, à l'observation, à la recherche personnelle, à la confiance en soi, la font naître et la développent.

  IV. — *Dire ce que c'est que la mauvaise humeur. Montrer qu'elle est une forme de l'égoïsme et qu'elle ne saurait être habituelle à quelqu'un qui a bon cœur.*

  — La mauvaise humeur est une mauvaise disposition de l'âme, qui se manifeste par un ton aigre et désagréable, par des manières brusques et informes, par un langage désobligeant, malveillant. Elle nous rend capricieux, boudeurs, fantasques, pénibles et presque insupportables aux autres, aussi bien qu'à nous-mêmes. Dans la mauvaise humeur, on est mécontent de tout et de tous; on n'aime pas à faire plaisir, à se montrer généreux, affable, cordial; on refuse avec aigreur; on accorde avec impatience; on reçoit mal une visite: on querelle le facteur qui apporte une bonne nouvelle; on se fâche, on s'emporte pour un rien, même pour rien ou sans raison connue.

Que voulez-vous? On est de mauvaise humeur; ce n'est pas le moment de nous aborder, de causer avec nous, de nous rendre des services, à plus forte raison de nous en demander. Il faut attendre que l'humeur soit passée.

A quoi sert la raison, si l'on doit être le jouet de l'humeur? On est responsable de sa mauvaise humeur. On a le devoir de la combattre et de la vaincre. Si on ne le fait pas, on est coupable. « Dire d'un homme colère, inégal, querelleur, pointilleux, capricieux, c'est son humeur, ce n'est pas l'excuser, comme on le croit, » dit La Bruyère; au contraire, c'est l'accuser d'un mal chronique dont il est l'auteur; c'est constater chez lui un état de désordre habituel dont il semble avoir pris son parti, auquel il donne son assentiment et son consentement, sans tenir compte, sans se soucier des conséquences funestes qui en résultent. Que lui importe de contrister, de faire souffrir ceux qui l'entourent, ceux qui ont des relations avec lui, et jusqu'à ses meilleurs amis?

S'il en est ainsi, la mauvaise humeur habituelle n'est pas autre chose qu'une forme de l'égoïsme. En effet, ce sont souvent, et sans qu'on s'en rende compte, sans qu'on se l'avoue, les passions malveillantes : l'orgueil, l'envie, la jalousie, l'intolérance, qui la font naître, qui la nourrissent et qui l'entretiennent.

Si l'on se préserve de ces passions, si l'on a un peu de prudence, de force, de tempérance; un peu de justice et de charité, un peu de largeur d'esprit; si l'on songe un peu aux autres, si on craint de leur causer de la peine, si l'on est attentif à leur faire plaisir, si l'on a un bon cœur, en un mot, on se tient en garde contre son humeur et l'on en vient vite à bout. Elle ne devient pas chronique, et, si elle ne disparaît pas complétement, elle ne se manifeste qu'à de rares intervalles, et comme par surprise. On la réprime, dès qu'elle se montre, en faisant des actes tout opposés à ceux qu'elle nous suggère. On s'efforce d'avoir un ton agréable, des manières polies, un langage bienveillant et affable.

Un bon cœur ne recule pas devant ce devoir, et l'on a raison de dire qu'il suffit d'avoir bon cœur pour n'être pas la victime de la mauvaise humeur habituelle.

Notions de philosophie utilisées pour cette question. — Il faut de la psychologie pour pouvoir caractériser l'humeur, et des connaissances morales pour la juger et la régler. Elle est une forme de l'égoïsme : c'est la psychologie, qui étudie la nature de l'égoïsme, et la morale, qui enseigne à le combattre et à en triompher par la bienveillance, la bonté, la générosité.

Des sujets comme ceux qu'on vient de lire, et quelques autres donnés plus loin en *notes complémentaires*, sortent absolument du convenu, de l'artificiel, de la routine; ils sont neufs, originaux, bien posés; on ne saurait arriver à les développer en faisant seulement des exercices d'invention, d'imitation, d'imagination; on peut savoir par cœur toutes les règles de la rhétorique et être incapable de dire deux mots sensés sur chacune de ces questions. Ceux-là seuls en sont capables qui ont les notions de philosophie pratique dont ces sujets impliquent la connaissance. C'est là, pour l'enseignement primaire, un progrès marqué dans les méthodes, progrès dont il faut s'applaudir et féliciter les initiateurs.

C'est en multipliant les compositions de cette nature que l'on donnera aux enfants une vraie culture intellectuelle et morale. Ces compositions vaudront beaucoup mieux que des exercices purement phraséologiques, où l'esprit ne travaille que sur des mots et des phrases, non sur des idées et des pensées. Le temps perdu à ces exercices n'est pas le plus grand inconvénient qu'ils offrent. Ils habituent l'élève à se payer de mots et à s'imaginer qu'il ne s'agit pas, en composant, de dire quelque chose, mais de faire des phrases, des périodes, des figures de mots ou de style.

Il ne faut point séparer le mot de l'idée, la phrase de la pensée; il faut éviter tout exercice qui tend à faire croire à l'élève que le travail de la pensée est quelque chose d'artificiel.

Dans l'Académie de Clermont, en 1894, on a posé aux examens du brevet simple la question suivante :

Expliquez et appréciez ce mot d'un écrivain contemporain : « Le but des études est avant tout de créer l'instrument du travail intellectuel. »

Le développement de cette pensée servira de conclusion à tout ce que nous avons dit, ci-dessus, de la composition française et de la philosophie.

— Le mot de l'écrivain contemporain rappelle celui de Montaigne : « Mieux vaut une tête bien faite que bien pleine. » Cela revient à dire que le but des études est, avant tout, de développer les facultés intellectuelles et d'apprendre à s'en servir; en d'autres termes, que le but des études est avant tout d'apprendre à apprendre : ce qui ne peut se faire que par les notions philosophiques.

L'instrument du travail intellectuel, ce sont les sens, la mémoire, l'imagination, l'observation, la réflexion, le jugement, le raisonnement. Le but des études est donc d'apprendre à faire usage de ses sens, de son imagination, de sa mémoire; d'apprendre à observer, à réfléchir, à juger, à raisonner. Sans doute, on n'apprend cela qu'en acquérant des connaissances; mais ces connaissances ne sont pas le but principal. Le but principal est de rendre l'esprit capable d'en acquérir indéfiniment, suivant les circonstances et les besoins, et de s'en servir dans la pratique et le gouvernement de la vie.

L'éducation de l'homme embrasse sa vie tout entière. L'homme qui a développé sa mémoire, qui sait se servir de ses sens pour observer exactement, qui sait réfléchir, abstraire, généraliser, induire et déduire logiquement, est apte à apprendre tout ce qui lui sera nécessaire dans la vie, quelle que soit la carrière qu'il embrasse et la position qu'il occupe. Il pourra oublier ce qu'il a appris en faisant ses études,... cela importe peu. Il lui reste l'instrument avec lequel il le rapprendra, s'il le faut, ou apprendra quelque chose de plus utile encore et de plus approprié à sa situation. Il lui restera, de plus, l'habitude de l'obéissance, de la discipline, de l'effort, de l'exercice soutenu de toutes ses facultés : ce qui constitue vraiment le grand art de la vie.

NOTES COMPLÉMENTAIRES

AUTRES EXEMPLES DE COMPOSITIONS FRANÇAISES DONNÉES AUX EXAMENS DU BREVET SIMPLE

I. — *Développer cette pensée : « La façon de donner vaut mieux que ce qu'on donne. »*

— Donne-t-on réellement, lorsque l'on donne à contre-cœur? lorsque l'air que l'on a, le ton que l'on prend, la manière dont on agit, laissent entendre que le don n'est pas voulu, n'est pas spontané, n'est pas cordial, n'est pas accom-

pagné d'estime et de respect, mais de dédain? Ce que l'on nous donne avec
mépris n'a pas de prix. C'est, en quelque sorte, une offense que l'on nous fait.
« Nous avons une si grande idée de l'âme de l'homme, dit Pascal, que nous
ne pouvons souffrir d'en être méprisés et de n'être pas dans l'estime d'une
âme. C'est la plus belle place au monde. »

Lorsque l'on donne bien, lorsque l'on donne réellement, humainement, on
commence par se donner soi-même, en montrant l'estime que l'on accorde à
la personne et le respect que l'on a pour elle. Bossuet dit d'Henriette d'Angle-
terre qu' « elle donnait non seulement avec joie, mais avec une hauteur d'âme
qui marquait à la fois le mépris du don et l'estime de la personne... Tantôt par
des paroles touchantes, tantôt même par son silence, elle relevait ses présents ».

Si on le pouvait, on refuserait un don, quel qu'il fût, qui se ferait avec
dédain ou sans bienveillance. Dans tous les cas, on ne se sent pas porté, pas
même tenu à la gratitude, quand le don est ainsi fait, quand il est privé des
marques d'estime et de respect auxquelles nous tenons avant tout et qui seules
lui donnent une valeur humaine.

Et cela nous fait honneur; cela montre que nous sentons notre dignité et que
nous ne pouvons pas supporter qu'on la méconnaisse; cela montre aussi que
nous mettons l'âme de nos semblables au-dessus de tous les biens de ce
monde, et c'est là sa vraie place; que nous la considérons comme donnant
seule du prix à leur don, et cela est juste et digne de l'homme. Il n'y a que
les âmes qui aient du prix, et l'univers entier est sans valeur comparé à une
âme d'homme.

Nous comptons pour rien ce que les hommes nous donnent, s'ils refusent de
se donner eux-mêmes. Au contraire, nous reconnaissons que le moindre présent qui part du cœur a une valeur très grande, une valeur infinie, en quelque
sorte. C'est le cœur que nous voyons dans le présent. Nous nous sentons hono-
rés de recevoir, parce qu'on nous croit capables de rendre quelque chose auquel
on attache un grand prix : notre estime, notre affection; prix incomparable-
ment supérieur à celui du don; ce qui le prouve, c'est l'estime et le respect
qu'on nous témoigne, en nous le faisant.

« Il y a, dit Ozanam, une assistance qui humilie et une assistance qui honore.
L'assistance humilie, si elle n'a rien de réciproque, si vous ne portez à votre
frère qu'un morceau de pain, un vêtement, une poignée de paille, que vous
n'aurez probablement jamais à lui demander; si vous le mettez dans la nécessité, douloureuse pour un cœur bien fait, de recevoir sans rendre; si, en nour-
rissant ceux qui souffrent, vous ne semblez occupé que d'étouffer des plaintes
qui attristent le séjour d'une grande ville ou de conjurer les périls qui en
menacent le repos.

« L'assistance honore, quand elle joint au pain qui nourrit la visite qui console, le conseil qui éclaire, le serrement de main qui relève le courage abattu;
quand elle traite le pauvre avec respect, non seulement comme un égal, mais
comme un supérieur, puisqu'il souffre ce que peut-être nous ne souffririons
pas, puisqu'il est parmi nous comme un envoyé de Dieu, pour éprouver notre
justice et notre charité, et nous sauver par nos œuvres. »

NOTIONS DE PHILOSOPHIE UTILISÉES POUR CETTE QUESTION. — Il est difficile
de préciser ici ces notions. On touche à toutes les connaissances pratiques de
la philosophie; à la nature de l'âme, à celle de l'estime, de l'affection, de la
bienveillance, de la bienfaisance, de la dignité personnelle. Les biens matériels
ne sont rien, sans ces choses qui leur donnent du prix, qui leur confèrent
une valeur humaine, à laquelle seule le cœur est sensible.

II. — *Les moralistes ont dit à l'homme : « Abaisse, étouffe ton orgueil. »
Moi, je lui dis : « Justifie-le; c'est le secret de toutes les grandes vies. »*
(STERNE.)

— L'orgueil est un vice capital; il ne saurait se justifier. « C'est, dit saint
Augustin, une fausse estime de soi qui pousse l'homme jusqu'au mépris de ses
semblables et de Dieu. »

Mais Sterne donne ici au mot orgueil le sens d'estime de soi, de confiance
en soi; ces deux sentiments sont très légitimes : il faut s'estimer soi-même,

avoir confiance en soi-même. Ils se rattachent à l'amour de soi, dont l'Evangile fait la mesure de l'amour du prochain : « Aime ton prochain comme toi-même. » Ils sont, ainsi que l'amour de soi dont ils dérivent, essentiels à la personne, qui ne se conçoit pas sans eux. Il faut les diriger, les empêcher de dévier, de se fausser, mais bien se garder d'essayer de les abaisser, de les étouffer, de les détruire. Tout au contraire, il faut les exciter, les développer, les perfectionner, y faire appel constamment dans l'éducation et dans le gouvernement des hommes. L'écueil dans lequel plusieurs tombent, c'est de les confondre avec l'orgueil et de les combattre comme des ennemis, au lieu de s'en servir comme de puissants auxiliaires.

Ainsi entendue, la parole est juste; elle signifie : « Estime-toi, prends conscience de ce que tu peux, de ce que tu vaux, et agis en conséquence; rends-toi compte de tes facultés, de tes ressources; mais prouve que ce que tu crois pouvoir, tu le peux réellement, et pour cela fais-le : « Ce sont les faits qui louent, » c'est-à-dire qui prouvent.

Aie confiance en toi-même, use de tous les moyens en ton pouvoir. Celui qui n'a pas confiance en soi, qui ne compte pas sur soi, qui n'ose pas, paralyse ses forces, ne se fait jamais valoir ce qu'il vaut. Garde-toi tout autant d'une défiance excessive que de la présomption. Qui n'appréhende rien présume trop de soi; mais qui appréhende trop faillit, parce qu'il craint.

L'estime de soi, la confiance en soi, si elles demeurent raisonnables, n'ont rien de commun avec le vice de l'orgueil. Ce sont des stimulants puissants pour les grandes entreprises, les grandes œuvres, les vertus héroïques, les grandes vies.

Notions de philosophie utilisées pour cette question. — Comment la traiter sans des notions précises sur *l'orgueil*, qu'il ne faut pas confondre avec *l'estime de soi*, la *confiance en soi*? On ne doit pas, sous prétexte de combattre celui-là, s'en prendre à celles-ci, qui sont des inclinations naturelles, nécessaires au perfectionnement de la personne humaine. L'orgueil est un vice, et ces inclinations sont des ressorts d'activité, auxquels il faut faire appel constamment dans l'éducation. C'est encore là de la psychologie et de la morale.

III. — « *C'est une bonne âme, c'est une belle âme, c'est une grande âme.* » — *Voilà des termes bien souvent employés. Peut-on les appliquer indifféremment? Donner des exemples de leur application.*

— On ne peut les appliquer indifféremment. Il y a des degrés dans la vertu, et ces degrés doivent être marqués dans le langage. Il n'existe pas, sans doute, une ligne de démarcation bien précise entre la bonne âme, la belle âme et la grande âme. Où finit le bien, et où commencent le beau et le grand? Cependant il importe de ne pas les confondre, mais de les distinguer; il importe de constater qu'ils se touchent sans s'identifier; qu'on ne doit pas les opposer, mais les superposer; qu'il n'y a pas entre eux disjonction ou séparation, mais conjonction et gradation.

La *bonne âme* possède toutes les vertus morales : elle est prudente, forte, tempérante, juste, bienfaisante; mais elle ne les possède qu'à un degré ordinaire. Ce qui la caractérise surtout, c'est qu'elle ne connaît pas les passions malveillantes : la haine, la colère, l'orgueil, l'envie, la jalousie, l'intolérance. Elle n'a que des passions bienveillantes : la sympathie, l'émulation, la pitié, la bonté. Elle se réjouit de tout bien, s'afflige de tout mal, redoute de causer de la peine, aime à faire plaisir, à rendre service.

La bonne âme mérite notre estime.

Une *belle âme* a les mêmes qualités, les mêmes vertus que la bonne, mais à un degré supérieur: elle est plus noble, plus généreuse, plus dévouée, capable de plus d'abnégation et de sacrifice. Les beaux sentiments, les belles actions, c'est-à-dire les actions qui sont bonnes et exigent de la force pour les faire, lui sont familiers. Ce qui la caractérise, c'est la passion du bien, jointe à un idéal moral très élevé, qui la porte sans cesse à considérer comme obligatoire ce qui n'est pour la bonne âme que facultatif ou de conseil.

La belle âme nous inspire le respect et l'amour.

Une *grande âme* est ce qu'on nomme communément un grand caractère, et un grand caractère implique un esprit étendu. La grande âme est magnanime ; elle conçoit et exécute de grandes choses ; elle croit que rien n'est impossible ; elle entreprend comme si elle pouvait tout et se résigne comme si elle ne pouvait rien.

Les bonnes et belles âmes marchent sur ses traces et montent avec elle jusqu'aux régions de l'héroïsme et du sublime où elle habite, auréolée de l'admiration de tous.

NOTIONS DE PHILOSOPHIE UTILISÉES POUR CETTE QUESTION. — Il faut emprunter à la morale la connaissance des degrés du bien, de la vertu, du mérite ; à l'esthétique, l'idée du beau et du grand, concrétisées en celle d'une belle âme, d'une grande âme, d'une belle action, d'une grande action.

IV. — *Vous avez fini vos études ; on dit que vous êtes des hommes. Que faut-il entendre par là ? Quelles sont les obligations que ce titre vous crée ?*

— Dire que nous sommes devenus des hommes, nos études étant finies, c'est dire que nos facultés sont assouplies et formées : que l'*intelligence* possède les méthodes pour arriver au vrai, qu'elle a des principes fermes auxquels nous devons tout rapporter, à la lumière desquels nous devons nous conduire ; que la *volonté* est exercée à la pratique du bien, qu'elle possède la force pour lutter ; car avant tout un homme est un lutteur ; qu'elle accomplit comme bien ce que l'intelligence lui présente comme vrai ; que le *cœur* ou la sensibilité morale aime le bien et le beau, et déteste le mal et le laid. En un mot, notre éducation est faite ; nous sommes capables de nous conduire nous-mêmes.

Ce titre d'hommes nous crée des *devoirs envers nous-mêmes*. Il nous oblige à agir moralement, c'est-à-dire par devoir, l'éducation ayant dégagé la raison et la volonté de l'instinct et moralisé les passions ; il nous oblige à avoir du caractère, à être et à rester nous ; à ne nous annihiler, à ne nous amoindrir devant personne ; à être indépendants, à préférer le témoignage de notre conscience à celui de l'opinion.

Il nous crée des *devoirs sociaux*. Nous entrons dans le monde : nous serons en contact avec des hommes ; nous devrons respecter leurs droits et leur faire du bien ; ne pas leur faire ce que nous ne voulons pas qu'ils nous fassent et faire pour eux ce que nous voulons qu'ils fassent pour nous ; exercer à leur égard la justice et la charité.

Il nous crée des *devoirs envers Dieu,* les premiers de tous, ceux auxquels se ramènent tous les autres et qui nous donnent la force de les accomplir.

Nous remplirons ces obligations, parce que l'on n'est homme que si on les remplit, parce que la vie humaine n'a de prix que par elles ; nous les remplirons courageusement, car toute vertu est force ou courage ; nous les remplirons constamment, car le devoir est une nécessité morale imprescriptible ; nous les remplirons avec désintéressement, car le devoir et la vertu sont essentiellement désintéressés.

NOTIONS PHILOSOPHIQUES UTILISÉES POUR CETTE QUESTION. — Première partie du sujet, connaissance des facultés et de leurs rapports avec l'idée d'éducation ; seconde partie, division et énumération des devoirs.

VI. — PHILOSOPHIE ET SOCIÉTÉS MODERNES

Nos sociétés modernes, républiques ou monarchies, ont partout le caractère démocratique, c'est-à-dire que le citoyen, suivant la définition d'Aristote, participe au pouvoir et à l'obéissance. Sa partici-

pation au pouvoir s'exerce surtout par le droit de vote et le droit
d'éligibilité. Le citoyen nomme, en diverses circonscriptions admi-
nistratives, plusieurs de ceux qui doivent avoir le souci des intérêts
communs, et il peut être appelé lui-même à avoir ce souci. Il doit
donc connaître les droits naturels, civils et politiques, et les devoirs que ces droits impliquent, les droits n'allant pas sans les
devoirs.

Il faut qu'il connaisse ce qui lui est dû et ce qu'il doit, en tant
qu'homme et en tant que citoyen : il faut qu'il sache qu'il a le droit
d'être respecté et protégé dans sa vie, dans son intelligence, dans sa
conscience, dans sa liberté, dans son honneur et dans ses biens, et
que ces droits, il doit les reconnaître et les respecter chez les autres;
qu'il doit vouloir la liberté pour tous, la justice égale pour tous;
qu'il doit comprendre et pratiquer la solidarité, qui n'est, au fond,
que la justice et la charité par tous et pour tous.

Toutes ces notions demandent, pour être comprises, des connaissances philosophiques. Elles sont le fond de la nature humaine elle-
même, et inhérentes à sa constitution normale. Il faut donc connaître
cette nature et savoir la loi qui la régit, loi universelle, immuable,
absolue, dont le droit et le devoir dérivent et ne sont que les deux
aspects : la loi morale étant le droit en tant qu'elle rend inviolable
la personne, l'être intelligent et libre, dans l'exercice légitime de ses
facultés, et étant le devoir en tant qu'elle lie la conscience, qu'elle
oblige à faire le bien et à éviter le mal.

De là, la nécessité, si l'on veut donner un enseignement et une
éducation qui répondent aux besoins actuels, si l'on veut mettre les
jeunes gens en état de s'occuper avec intelligence des questions sociales qui s'agitent partout autour d'eux, de *démocratiser* en quelque
sorte la philosophie, c'est-à-dire de la mettre à la portée de toute
personne capable de lire avec attention; la nécessité d'en pénétrer,
d'en éclairer tout l'enseignement, particulièrement l'enseignement
moral.

Comment, par exemple, entendre et expliquer la devise écrite
sur la plupart des monuments publics : *liberté, égalité, fraternité,*
si l'on n'a pas ces notions philosophiques essentielles?

Comment surtout la pratiquer?

Essayons de développer cette devise, et nous verrons combien cela
est vrai.

Liberté. — Je suis libre, c'est-à-dire : j'ai le pouvoir de me déterminer; je me
possède moi-même; je suis le sujet de la loi morale, qui rend inviolables les
êtres intelligents et libres, et nul ne peut porter atteinte à ma personne; je
dois être respecté dans mon corps, dans mon âme, dans mon intelligence, ma
conscience, ma sensibilité, ma volonté, dans mon honneur et dans mes biens,

dans tous mes droits naturels, dans mes droits civils et politiques, dans l'exercice légitime de mes facultés physiques et morales ; je puis m'instruire ; je puis exprimer ma pensée ; je puis obéir à ma conscience; je puis faire tel travail ou tel autre; je puis choisir une carrière conforme à mon goût, à mes aptitudes ; je puis m'associer à mes semblables, aller où je veux et faire tout ce que la loi juste ne me défend pas. Nul ne peut me traiter comme une chose ; on est tenu de respecter en moi la personne humaine et le citoyen.

Il est bien entendu que je ne puis moralement faire ce que la conscience défend, que je n'en ai pas le droit, le pouvoir moral ; que j'ai, au contraire, le devoir, que je suis dans la nécessité morale, de ne pas le faire. Mes semblables sont dans les mêmes conditions que moi, et je suis tenu de respecter leurs droits, comme ils sont tenus de respecter les miens. Leurs droits sont bornés par les miens, et les miens par les leurs.

Egalité. — Par mon origine, par ma nature, par ma destinée, je suis l'égal de tous les hommes. Il ne doit pas y avoir d'autre loi pour mes concitoyens que pour moi, et je ne dois pas, comme le fait le sectaire, en réclamer pour moi d'autres que pour eux, à mon profit et à leur détriment. Je dois avoir les mêmes droits, les mêmes devoirs qu'eux; jouir des mêmes avantages, supporter les mêmes charges, les mêmes impôts. La société ne doit pas être partagée en classes artificielles, arbitraires, ou en castes, les unes privilégiées et honorées, les autres asservies et méprisées. Je puis prétendre, ainsi que tous mes concitoyens, à tous les emplois en rapport avec mon instruction et mes aptitudes et à toutes les dignités auxquelles me donne droit mon mérite personnel.

Cette égalité essentielle n'empêche pas les inégalités naturelles, hiérarchiques : le père a des droits en tant que chef de famille; le magistrat, le préfet, le président de la République, tout homme qui exerce une charge, possède les droits inhérents aux devoirs qu'il a à remplir.

Fraternité. — L'humanité est une famille; tous les hommes sont frères, parce qu'ils ont tous la même commune origine; ils ont tous le même auteur; ils sont d'une même espèce et d'une même famille; ils doivent se traiter comme tels, en pratiquant fidèlement les deux maximes : *Ne fais pas aux autres ce que tu ne veux pas qu'ils te fassent, fais pour eux ce que tu veux qu'ils fassent pour toi ;* — en d'autres termes : sois *juste,* c'est-à-dire : ne nuis pas à tes semblables, à tes frères; respecte leurs droits; sois *charitable,* c'est-à-dire : fais-leur du bien; occupe-toi de leur bonheur comme du tien; aime-les comme tu t'aimes toi-même; cherche ton bonheur dans le leur.

Comme on le voit, toute la morale intervient dans l'explication sommaire de ces trois termes.

Remarquons, de plus, qu'il ne suffit pas de se servir des mots qui expriment les notions philosophiques dont nous parlons; il faut en comprendre le sens et la portée, les rattacher aux principes qui en sont le fondement et leur donnent leur valeur; par exemple, savoir, dans le développement ci-dessus, ce qu'est le respect de l'intelligence, celui de la conscience, celui de la volonté, celui de la sensibilité, celui de l'honneur, et savoir aussi par quels faits ce respect se traduit ou se viole pratiquement. Et ainsi des autres notions, sans parler de la connaissance exacte qu'il faut avoir des droits inhérents à la personne humaine, et qui ont leur raison d'être dans la fin qu'elle doit atteindre par l'exercice légitime de ses facultés, facultés qu'il faut aussi connaître avec quelque précision pour comprendre la devise et la pratiquer sensément.

Conclusion. — « *Nous vivons dans un siècle,* disait Joubert, *où les idées superflues surabondent, et qui n'a pas les idées nécessaires.* »

Le mal que constatait Joubert demeure. Comment le guérira-t-on, sinon en habituant, dans l'éducation, à l'intelligence et à l'usage des principes, par des notions de philosophie ? Le jour où ces notions seront données, et bien données, à tous les enfants du peuple, aux pauvres comme aux riches, les sophismes et les erreurs auront moins de prise sur les esprits, qui s'entendront alors plus facilement pour le bien commun. On comprendra mieux la dignité humaine et le respect qui lui est dû ; la nécessité, non de la *lutte,* mais de *l'accord pour la vie :* accord dans la liberté, la justice et le dévouement, pour tous et pour chacun.

Dans sa lettre d'approbation du *Cours de Philosophie* publié par l'Institut des Frères, le cardinal Bourret insiste sur la nécessité de ces notions et sur le caractère pratique qu'il faut leur donner.

« Le dogme philosophique, comme le dogme théologique, dit-il, doit être à la base de toute connaissance humaine, la pénétrer, la fortifier et l'élever. Il est le principe de toutes les énergies de la volonté et la garantie de ses relèvements.

« Je ne veux pas dire que les hautes spéculations de la philosophie et de la théologie doivent être proposées sans discernement à toutes sortes d'esprits. La vérité qui demeure dans le vague ou qui dépasse la capacité de l'intelligence, ressemble fort à l'erreur pour celui qui est incapable de la saisir et de la comprendre.

« Mais il y a une philosophie qui s'impose et que tout le monde peut aborder, c'est celle du *bon sens.*

« Voilà la vraie philosophie, qu'il convient de dégager de l'incertain comme de l'erreur, du sophisme comme de l'imbroglio des systèmes, et de montrer à l'esprit avec toutes les séductions de la vérité et tous les enchaînements de la logique. »

Des études philosophiques ainsi conçues, mettant en relief les idées et les principes qui constituent la philosophie traditionnelle tenue au courant, ayant pour but non uniquement de discuter des systèmes, mais d'apprendre à diriger raisonnablement sa pensée et sa vie, s'imposent à tous ceux qui veulent être en état de résister au torrent des mauvaises doctrines et exercer autour d'eux l'influence du bien. C'est ce qu'ont proclamé avec Léon XIII nombre d'évêques, en maintes circonstances, et aussi nombre de laïques catholiques se dévouant aux œuvres sociales.

Au témoignage, cité plus haut, du cardinal Bourret, ajoutons celui du cardinal Vaughan, archevêque de Westminster. Il disait, dans sa réponse à l'allocution qui lui fut adressée à son retour de Rome, le 9 avril 1893 :

« A moins d'avoir fait un cours sérieux de logique et de philosophie chrétienne, théorique et morale, un catholique est comme un homme sans cuirasse et sans armes dans le conflit intellectuel qui fait rage autour de lui. La littérature et la science du jour, les activités intellectuelles et même la conversation courante des *leaders* de la pensée moderne, exigent d'un catholique une forte instruction basée sur la philosophie catholique. Si cette formation manque, si cette armure intellectuelle fait défaut, ou bien les catholiques jetteront leurs âmes dans le tourbillon créé par le conflit ou la réunion des innombrables courants rationalistes, et y périront, ou bien ils se contenteront d'y porter une marque visible d'infériorité intellectuelle.

« Rien ne peut remplacer cette formation de l'esprit, dont je parle, ni la littérature, ni les goûts élevés, ni les relations sociales, ni le faux brillant donné par les universités nationales.

« Quand je parle de la nécessité d'un cours de philosophie catholique, ne supposez pas que j'aie en vue le clergé; je pense, au contraire, aux laïques. Les laïques catholiques devraient être le sel de la société et comme une lumière brillant dans les lieux sombres. Ils devraient faire plus que de tenir tête aux fausses théories et à la critique destructive qui ont cours dans la société où ils vivent... La philosophie devrait former une part essentielle de toute éducation vraiment libérale et catholique. » (*Catholic Times.*)

TABLE DES MATIÈRES

CHAPITRE I

Méthode. — Idées directrices.

CHAPITRE II

Pratique de l'enseignement de la philosophie.

TABLE

DES

SUJETS DE COMPOSITION FRANÇAISE

SOMMAIREMENT DÉVELOPPÉS DANS CET OUVRAGE

CHAPITRE I

CHAPITRE II

CHAPITRE III

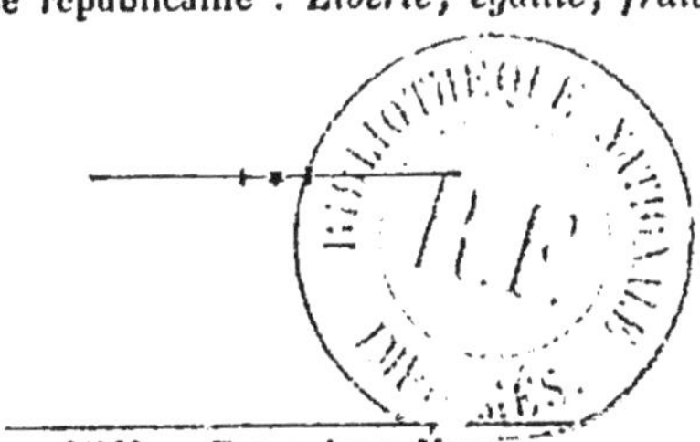

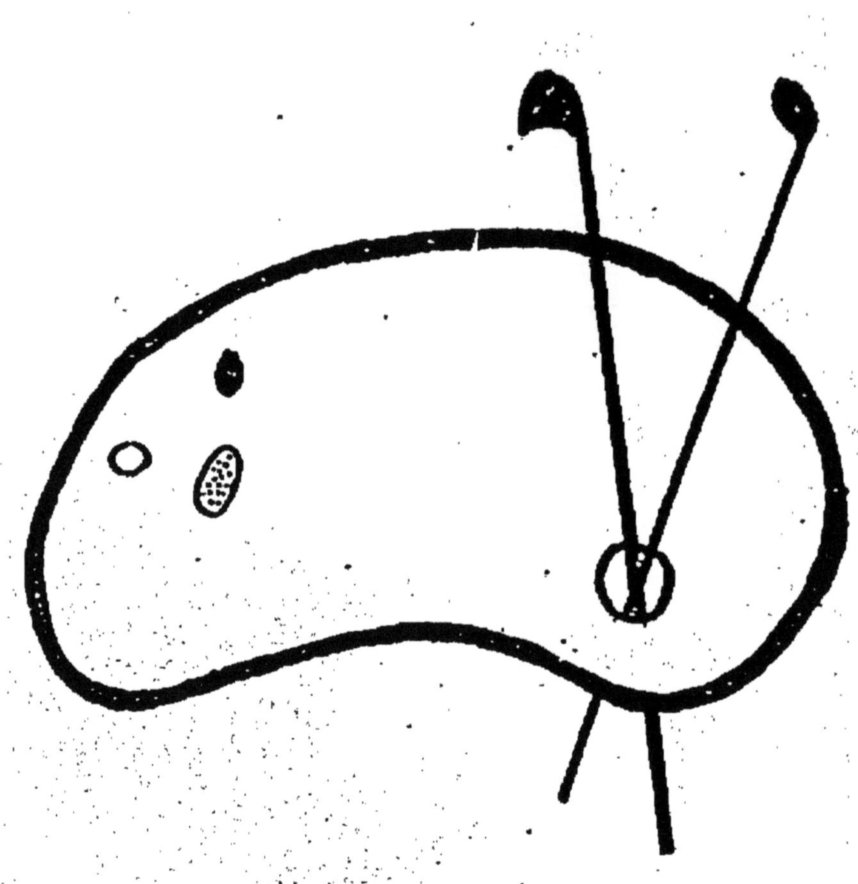

ORIGINAL EN COULEUR
NF Z 43-120-8

www.ingramcontent.com/pod-product-compliance
Ingram Content Group UK Ltd.
Pitfield, Milton Keynes, MK11 3LW, UK
UKHW021232140726
13695UKWH00002B/901